7443

LA CHUTE

DE LA

RÉPUBLIQUE DE VENISE

LA CHUTE

DE LA

RÉPUBLIQUE DE VENISE

(1789-1797)

PAR

ANDRÉ BONNEFONS

PARIS

LIBRAIRIE ACADÉMIQUE

PERRIN ET Cⁱᵉ, LIBRAIRES-ÉDITEURS

35, QUAI DES GRANDS-AUGUSTINS, 35

1908

PRÉFACE

De toutes les nations européennes qui eurent à souffrir des conquêtes de la Révolution française, aucune ne fut plus maltraitée que la république de Venise. Au moins les unes et les autres, si elles perdaient des provinces ou changeaient de maîtres, ne laissaient pas de subsister, tandis que celle-ci, semblable à la Pologne, était brutalement supprimée. Bonaparte se comportait envers cet antique État avec plus de dureté que, devenu Napoléon et à l'apogée de sa fortune, il ne se comportera envers la Prusse. Cependant Venise n'avait point déclaré la guerre à la

France. Lorsqu'après l'exécution de Louis XVI une coalition se forma contre la Convention, seule ou presque seule elle avait continué à entretenir des relations d'amitié avec ce gouvernement régicide. Elle ne modifia pas davantage son attitude sous le Directoire ; mais cette fois les hostilités ayant eu pour théâtre le nord de l'Italie, son territoire, qu'elle était dans l'impossibilité de défendre, fut envahi par les Autrichiens et les Français qui ne cessaient de se combattre, et dont la réconciliation allait lui être funeste. Invasion de son sol et perte de son indépendance, tel fut en somme le triste résultat de sa neutralité à laquelle elle avait été si obstinément attachée. Combien ses prévisions avaient été cruellement trompées ? Elle avait cru se sauver en se tenant à l'écart du conflit armé entre l'Europe et la Révolution, et voilà que, au contraire, le traité de Campo-Formio, qui terminait une lutte continentale de cinq années, la rayait du rang des nations. L'Autriche monarchique et la France républicaine, si opposées de principes et d'intérêts, s'étaient mises d'accord pour la dépouiller.

C'est l'histoire de cette politique dans ses rapports avec la révolution que nous nous proposons d'écrire. Après avoir raconté la vie d'un prince allié et d'une reine ennemie de notre pays, nous voulons aujourd'hui montrer par quel enchaînement de circonstances une république, sincèrement neutre et précisément à cause de ses efforts à le demeurer, paya de son existence son esprit pacifique. Si paradoxale que semble cette affirmation, Venise fut en effet la victime de sa neutralité. Trop faible pour se conserver par elle-même, elle devait rechercher l'appui d'une grande puissance, susceptible de la protéger contre les attaques du dehors, et guerroyer à ses côtés si les événements l'exigeaient. Non que, même la trève de Passarowitz conclue, il lui fût interdit de rompre avec son système belliqueux. Vaincue, démembrée, sans influence, elle n'avait que trop raison d'agir ainsi. Le temps était passé de poursuivre des conquêtes, il fallait se recueillir. Mais recueillement n'était pas inertie ; et, bien qu'évitant de se mêler aux querelles internationales, Venise avait maints champs où développer son activité. Finances, administration, armée, marine, tout chez elle était à réformer. Notamment le chapitre des forces militaires réclamait son attention. Sa flotte avait été détruite, ses troupes décimées. Comment restait-elle affaiblie à ce point ? Vainement aurait-elle pensé que, renonçant aux aventures, elle n'avait plus besoin de moyens de défense, toujours il est nécessaire d'être prêt à parer à une éventualité fâcheuse. Ne savait-elle pas que, plus un État a de soldats et de vaisseaux à sa disposition, plus il est respecté ? Et si elle était décidée à ne menacer personne, ce n'était pas une menace de pourvoir à sa sécurité par la reconstitution de ses effectifs. Malheureusement Venise ne vit dans la paix qu'une occasion de s'abandonner aux délices du *farniente* ; dès ce moment, elle ne connut plus que les plaisirs et les fêtes. Rien ne put l'en arracher. Indifférente aux soins de son gouvernement intérieur, elle s'intéressait encore moins aux affaires de l'Europe, au milieu de laquelle elle vivait dans un isolement complet. Son horizon, autrefois si vaste, s'était singulièrement rétréci ; il se bornait à sa lagune. A peine jetait-elle un regard distrait sur ses possessions de terre ferme et ses îles de l'Archipel. Dans ces palais d'où étaient sorties tant d'illustres générations de marins ou de politiques, il n'y avait plus place que pour une jeunesse efféminée, tout occupée à s'amuser et incapable de quelque énergie. Venise trouvait une sorte de gloire à n'être plus qu'une ville de volupté, le rendez-vous de tous les débauchés et de tous les oisifs. Le jeu, l'amour, la bonne chère y avaient remplacé le travail, le goût des arts et les vertus guerrières.

C'est à travers ce tourbillonnement échevelé qu'elle assista aux premières manifestations de la Révolution française qui venait, en trouble-fête, lui rappeler les réalités du présent. Elle apprit avec effroi les décrets de la Constituante touchant à des institutions séculaires, la fermentation des esprits, les violences de la populace, les attaques incessantes auxquelles la couronne était en butte. Dès lors il lui parut urgent de se ressaisir, si elle ne voulait pas être surprise par des événements dont la gravité se révélait chaque jour davantage. Mais son attention se porta sur les choses accessoires. Soucieuse d'empêcher le prosélytisme révolutionnaire, elle surveilla étroitement les étrangers et les régnicoles. L'inquisition, dont les pouvoirs étaient si formidables, reçut l'ordre d'éloigner toute personne suspecte, et c'était l'être à ses yeux que d'approuver la suppression des privilèges votés par l'assemblée de Versailles ou blâmer les abus de l'absolutisme royal. Par contre, Venise négligea totalement le soin de sa défense militaire : armée et marine demeurèrent dans l'état d'affaiblissement où elles croupissaient depuis soixante-dix ans.

Tant que l'Europe jouissait des bienfaits de la paix, cela ne présentait pas encore trop d'inconvénients. Mais lorsqu'en 1792 les hostilités éclatèrent entre l'Autriche et la France et que les régiments de cette dernière, maîtres de la Savoie, se montrèrent sur la crête des Alpes, les dangers d'une pareille négligence n'échappèrent plus à la clairvoyance des sages du gouvernement. De suite ils demandèrent de construire des navires, d'augmenter les cadres de la flotte et des troupes de terre, bref de mettre la république en mesure de résister à une agression possible. Seulement ces conseils ne furent point écoutés. On répondit à leurs auteurs qu'ils s'inquiétaient à tort, qu'on n'avait rien à changer à un système dont les avantages étaient manifestes, une longue tranquillité en étant résultée, et que d'ailleurs ces armements, loin d'être utiles à la nation, susciteraient contre elle la défiance et l'irritation. Pourquoi la France attaquerait-elle Venise? Avait-elle à se plaindre de sa politique, à lui reprocher de mauvais procédés? En aucune façon. Alors que la plupart des puissances lui témoignaient des sentiments malveillants, la sérénissime république persistait à entretenir avec elle les rapports les plus corrects. Elle fut un des rares pays qui refusa de se prêter à des représailles, soit après l'arrestation de Louis XVI à Varennes, soit au lendemain de la journée du 10 août, évitant dans ces deux circonstances de rompre les relations officielles. L'avènement de la Convention ne modifia pas ses dispositions conciliantes ; elle la reconnut presque aussitôt en acceptant la lettre de créance de son chargé d'affaires et ne songea pas un instant, même au plus fort de la Terreur, à se brouiller avec les gouvernants français. Il est vrai que la coalition incriminait sa conduite dont ceux-ci s'applaudissaient. Elle aurait voulu la voir se ranger de son côté, lui fournir au moins des subsides. Surtout l'Autriche et l'Angleterre ne lui pardonnaient pas d'avoir consenti à la reconnaissance du régime républicain élevé sur les ruines de la monarchie. Cependant elles ne cherchèrent pas à la provoquer (ce qui aurait été facile) et, lasses de réclamer vainement son concours, finirent par la laisser tranquille.

Du coup la confiance de Venise dans l'efficacité de sa neutralité s'en accrut. Puisqu'après tout on l'avait respectée durant ces années difficiles, elle pensa qu'il en serait toujours ainsi. Mais elle ne réfléchissait pas que, si on s'était incliné devant ses volontés, c'est que, la guerre s'étant déroulée loin de la Péninsule, il n'y avait pas eu nécessité pour les belligérants de la maltraiter. Les choses seraient tout autres lorsque les hostilités auraient l'Italie pour théâtre. En dépit de ses protestations, on l'envahirait, on se battrait sur son sol, on molesterait ses habitants, on épuiserait ses ressources. Ce serait à qui des deux adversaires rivaliserait d'exigences. Il lui faudrait continuellement satisfaire l'un et l'autre et ils multiplieraient d'autant plus leurs exactions qu'elle serait plus disposée à leur céder. Elle n'aurait pas plus à souffrir, eût-elle été une ennemie déclarée. Dans ces conditions, que ne prenait-elle parti pour celui des deux peuples qui semblait devoir l'emporter? C'était la vraie manière d'assurer son salut, le vainqueur qu'elle aurait aidé ne pouvant guère la dépouiller au moment du règlement des comptes. Autrement, si elle s'obstinait dans une neutralité qui n'en était plus une, elle risquait de s'attirer de terribles malheurs. Car les convoitises s'aiguisent quand elles ne rencontrent pas d'obstacle. Et de faire irruption chez elle à la démembrer il n'y avait qu'un pas assez tentant à franchir pour une diplomatie sans scrupules. Le danger n'était-il pas que les belligérants se réconciliassent à ses dépens? Déjà les bruits qui en avaient couru auraient dû éveiller l'attention de Venise. Précisément une occasion s'offrait de déjouer ces plans machiavéliques. Le Directoire, comme l'avait fait l'Autriche, sollicitait son alliance; elle n'avait qu'à accepter d'autant qu'on s'engageait à la paix à agrandir son territoire. Et, s'il lui répugnait de combattre dans les rangs des Français contre les Impériaux qui la ménageaient si peu, que ne s'alliait-elle avec la Prusse, désireuse elle aussi de l'avoir dans son jeu? Mais Venise, qui se sentait si menacée, persistait à repousser tout secours du dehors.

Sans doute les puissances, des avances desquelles elle était tour à tour l'objet, agis-

saient dans leur seul intérêt, se préoccupant
uniquement de grossir le nombre de leurs
partisans, et le souci qu'elles affectaient de
la sortir d'une situation critique était un argument de pure forme destiné à triompher de
ses hésitations. N'importe ; elles lui promet-
taient leur appui, cela n'était pas à dédaigner
dans son état de faiblesse. Le tout, à la vérité, était de choisir. Mais les événements
s'étaient suffisamment dessinés pour savoir
que l'Autriche n'avait plus chance de se
relever et que ce serait folie de se jeter dans
ses bras. Seulement Venise était trop tombée
dans l'inertie pour adopter une décision énergique, et elle commettait de plus l'erreur de
penser qu'en restant neutre elle désarmerait
les rancunes, alors que sa neutralité était la
chose la plus propre à les aviver. Pour sa
part, le Directoire traita son refus d'injure et
résolut de s'en venger. De là les instructions
données à un de ses négociateurs en vue de
favoriser les aspirations libérales des populations de terre ferme, et dont l'encourage-
ment se traduisit par des rébellions contre

les autorités légitimes ; de là surtout l'intention, absolument arrêtée de vague qu'elle avait été, de disposer à son gré de la Vénétie comme si elle lui eût appartenu. On le vit bien à la signature des préliminaires de Leoben, quand la sérénissime république, partagée entre la France et l'Autriche, fut réduite à sa capitale et à ses îles de l'Archipel. C'était à croire que la longue guerre, qui venait de finir, avait eu lieu contre elle, et non contre l'empereur, auquel, quoique ennemi, on accordait des compensations importantes pour la perte de ses provinces. Or un tel démembrement eût été impossible, si Venise, à l'heure où le cabinet de Vienne commençait à négocier, se fût trouvée dans le camp du Directoire. Car, si les vaincus abandonnent trop souvent leurs auxiliaires devenus gênants, les vainqueurs ont généralement l'habitude de les défendre. A Venise alliée, la France devait des égards, tandis qu'à Venise neutre elle jugeait ne devoir que son hostilité. Et comme l'Autriche tenait le même raisonnement, l'infortunée nation,

exposée aux jalousies d'adversaires ambitieux, était désormais condamnée à périr.

Certes, le Directoire résista au chef du
saint empire lorsque celui-ci, estimant son
lot insuffisant, exigea de lui sacrifier l'existence même de la république, Mais, outre
qu'il ne protestait que par crainte, en con-
sentant, de rendre l'Autriche trop puissante,
il ne put lutter contre Bonaparte, qui, lui,
voulait avant tout, fût-ce au prix de Venise,
obtenir de son partenaire la Belgique, la rive
gauche du Rhin et le Milanais. En vain les
gouvernants vénitiens s'efforcèrent-ils de
conjurer la catastrophe, en vain pour plaire
à Bonaparte abolirent-ils la constitution aristocratique la remplaçant par une municipalité
élue et conclurent-ils avec lui un traité d'amitié, tout fut inutile. La faute de Venise, celle
d'avoir persisté malgré tant d'avertissements
dans une neutralité dangereuse, celle de
s'être systématiquement isolée quand l'appui
d'un grand pays lui était indispensable, cette
faute n'était plus réparable. C'est autrefois,
lorsque la France avait besoin de son con-

cours, non maintenant où elle n'en avait que faire, qu'il aurait fallu signer une alliance. Aussi État désemparé, délaissé de tous, sans moyens de défense, État qu'on peut impunément défier, fut-elle à Campo-Formio rayée de la carte de l'Europe.

Mais la faute de Venise ne saurait en aucune façon absoudre la conduite à son endroit de la France et de l'Autriche. Rarement, sauf le partage de la Pologne, la diplomatie perpétrait avec tant de sérénité pareille iniquité. C'était, d'une part, la violation de tous les engagements doublée d'une insigne perfidie; de l'autre, une cynique ambition qui faisait bon marché du droit et de la justice. Venise était traitée en ennemie déclarée; on lui imputait à crime sa neutralité qui n'était qu'une erreur de politique. Bonaparte avait multiplié à son égard les raffinements de la duplicité. Il avait reconnu son indépendance par le fait seul qu'il négociait avec elle et l'assurait des bonnes grâces du Directoire et dans l'instant même il la livrait à l'Autriche. Il avait promis de lui apporter la liberté — maintes fois les nouveaux maîtres qu'elle s'était donnés ou plutôt qu'on lui avait imposés l'avaient entendu de sa bouche — et il n'hésitait pas à la céder à la monarchie qui la première avait arboré le drapeau de la contre-révolution. Tout l'avait emporté sur la nécessité de satisfaire la maison de Habsbourg pour qui, au moment décisif, rien n'existait plus hormis ses convoitises. N'était-ce pas assez ironique de voir une puissance, se disant hypocritement le champion de la tradition et si empressée à organiser, au nom de la légitimité, la croisade contre la France révolutionnaire, dépouiller sans scrupule un des plus anciens États européens, auquel elle n'avait à reprocher aucun acte d'hostilité ? En vérité, cette singulière redresseuse de torts ne découvrait que trop son jeu et démontrait à tous que, quand elle partait en campagne contre nous, c'était de conquêtes, non de principes dont elle avait souci. Mais ses calculs avaient été déjoués. Vaincue, au lieu de triompher comme elle l'avait si fermement espéré, il était difficile de ne pas lui prendre de provinces et de se contenter d'une indemnité en argent. En tout cas sa défaite ne lui était pas trop cruelle, puisque le vainqueur lui permettait de s'emparer de Venise, impérieusement réclamée d'elle pour consentir au désarmement. Ainsi cette guerre continentale de cinq années, qui, à en croire l'Europe, était destinée à punir l'œuvre immorale de la révolution, se termina par un des attentats les plus scandaleux au droit des gens dont l'histoire moderne ait fourni l'exemple.

LA CHUTE
DE LA RÉPUBLIQUE DE VENISE

(1789-1797)

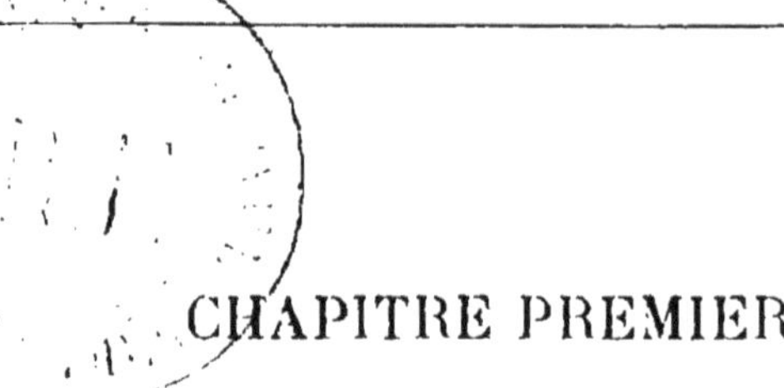

CHAPITRE PREMIER

LES MŒURS ET LE GOUVERNEMENT

DE VENISE

I

Décadence de la république de Venise. — Causes diverses. — Paix de Passarowitz. — Fin de la politique belliqueuse. — Oisiveté des Vénitiens; leur amour des plaisirs, licence des mœurs. — Relâchement dans les couvents. — Vocations forcées. — Histoire de la religieuse Maria da Riva. — Fureur du jeu. — Déploiement du luxe. — Influence de l'art. — Influence du climat. — Situation privilégiée de Venise. — La place Saint-Marc. — Le carnaval. — Dégénérescence de l'aristocratie. — Origines de la république de Venise. — Rouages du gouvernement. — Doge, grand Conseil, Sénat. — Rôle purement décoratif du chef de l'État. — Fête des fiançailles de la mer. — Conspiration de Marino Faliero. — Procurateurs de Saint-Marc. — Conseil des Dix. — Inquisiteurs. — Exclusivisme de la noblesse. — Différence avec l'aristocratie anglaise. — Imprévoyance des patriciens. — Affaiblissement de la foi. — Impression causée par la Révolution française.

A la veille de la Révolution française, la République de Venise, si longtemps prospère et redoutée, était en pleine décadence. Prépondérance commerciale assurée par sa position et la supériorité de sa marine, influence politique, conquêtes nombreuses en Orient, elle avait tout perdu. Quelle transformation depuis le quinzième siècle, époque de son apogée, où elle s'appelait orgueilleusement la reine de l'Adriatique et était la maîtresse incontestée de la mer, dont Gênes, sa puissante rivale, lui avait disputé l'empire dans tant de luttes meurtrières ! Mais la découverte de l'Amérique et du Cap de Bonne-Espérance avait porté à Venise un coup mortel. Elle avait achevé la ruine qu'avait déjà commencée la prise de Constantinople par les Turcs, qui la privait de ses meilleurs comptoirs du Levant et la mettait en face d'un dangereux adversaire. Désormais le centre du commerce était déplacé, il passait de la Méditerranée dans l'Atlantique ; et, comme de plus une route jusque-là inconnue s'ouvrait vers les Indes, Venise cessait d'être l'intermédiaire entre l'Europe et l'Asie. Le sceptre de la navigation, le monopole du trafic allaient naturellement appartenir aux nations dont les ports étaient situés sur l'Océan. Vaine-

ment Venise aurait-elle cherché à lutter, vainement aurait-elle compté, dans ses énergiques
efforts, sur le prestige de son glorieux passé,
il lui était impossible d'empêcher les peuples
plus favorisés par leur situation géographique
de la supplanter. On n'impose pas au négoce
des voies de convention, on ne le maintient pas
éternellement dans la même zone; dès qu'il
trouve devant lui de nouveaux débouchés, dont
les avantages sont certains, il s'en empare
immédiatement, sans que rien soit capable de
le retenir dans les sentiers battus.

Cependant, en dépit de sa déchéance maritime, Venise pouvait toujours demeurer un
des champions de la chrétienté contre l'islamisme envahisseur. Son activité militaire, le
courage de sa noblesse si disposée à courir les
aventures, des intérêts multiples à sauvegarder
l'invitaient à remplir ce beau rôle qu'elle ne dédai-
gna pas. Aussi aux seizième et dix-septième siècles la voit-on continuellement en guerre avec
les Ottomans. Elle contribue à Lépante, avec les
flottes espagnole et pontificale, à la défaite du
Croissant (1571); elle s'allie, après le siège de
Vienne (1683), avec l'Autriche, et, grâce aux
actions d'éclat de Francesco Morosini, recon-

quiert le Péloponèse, l'Égine et quelques places de la Dalmatie. Ce sont là, il est vrai, ses dernières victoires, la fin de sa splendeur. Bientôt les Turcs reprennent l'offensive; ils lui enlèvent la Morée, comme ils lui ont auparavant enlevé Candie et Chypre, et le traité de Passarowitz, qu'elle est obligée de conclure le 21 juillet 1718, ne lui laisse plus que les îles ioniennes de ses immenses possessions d'outre-mer. A partir de ce moment la République entre dans une ère nouvelle. Elle n'interviendra plus dans les conflits armés; à la Venise belliqueuse d'autrefois succédera une Venise absolument pacifique qui, malgré toutes les pressions du dehors, refusera de sortir de sa neutralité. Les expéditions lointaines, les combats à livrer, les croisières agitées où se cueillent les lauriers n'auront plus d'attrait pour elle. Elle entend y rester étrangère. Elle entend n'être point troublée dans la quiétude dont elle apprécie de plus en plus les charmes.

Certes, ce changement d'attitude n'avait en soi rien que de très rationnel. Il s'expliquait par les pertes successives de la République, la difficulté, avec des forces inférieures et des ressources réduites, de recouvrer les territoires arrachés à sa faiblesse et surtout l'effacement dans lequel elle était tombée. N'étant plus que l'ombre d'elle-même, Venise avait autre chose à faire que de compromettre son existence et de sacrifier inutilement ses finances dans des entreprises téméraires. Et néanmoins le système qu'elle adopta lui fut fatal. Non que la paix soit un mal, non qu'un pays, qui a longtemps guerroyé, n'ait jamais le droit, même quand les événements le commandent, de déposer les armes. Mais il lui fut fatal, parce qu'elle négligea d'en tirer profit. Au lieu de reconstituer ses moyens de défense, de corriger maints abus, de moderniser ses institutions, bref de s'appliquer à opérer dans l'État toutes les améliorations désirables et d'y promouvoir par une féconde émulation la prospérité intérieure, elle ne songea plus qu'à ses plaisirs. L'histoire de Venise au dix-huitième siècle est une série ininterrompue de fêtes magnifiques, de réjouissances où rien ne manque, d'amusements de toute sorte. On y joue, on y danse, on y festoie, on s'y aime, on y noue mille intrigues romanesques, mais on n'y connaît guère le labeur et le travail. Le *dolce farniente* est roi. C'est pour en tromper les heures que la vie vénitienne est devenue un carnaval perpétuel. Il n'est de réceptions splendides, de galas princiers, de bals échevelés que ne cesse d'imaginer une aristocratie oisive et corrompue ; il n'y a pas de robes trop somptueuses ou de pierreries trop superbes pour parer la beauté des patriciennes ; il n'existe pas de richesses d'architecture, de luxe d'ameublement, de bibelots de prix auxquels on n'ait recours pour donner aux palais un aspect enchanteur. Les vins les plus fins, les mets les plus exquis sont servis dans des festins qui se multiplient à l'infini et se prolongent jusqu'au jour. Les rires et les chansons ont remplacé les conversations sérieuses. On ne parle que de frivolités, on ne s'entretient que de ses bonnes fortunes ; car, avec cette absence de retenue et cette joie de vivre, les mœurs ont singulièrement baissé. La dissolution règne partout, elle a même pénétré dans les couvents. Sous le masque, qui facilite la liberté des manières et des propos, les cavaliers gracieux et pimpants dans leurs habits parsemés de broderies, s'enhardissent avec les femmes ; ils leur offrent leur cœur, ils tentent de les séduire. Et celles-ci, charmées d'être autant courtisées, prêtent volontiers l'oreille à leurs discours et finissent par leur céder. Comment attendre de créatures indolentes et coquettes, qui vont elles-mêmes au devant des flatteurs, qu'elles se montrent cruelles ? N'entendent-elles pas dire à l'envi autour d'elles que le mariage ne comporte aucun devoir, qu'il n'est qu'une façade permettant de dissimuler l'adultère ; ne savent-elles pas que les plus grandes d'entre elles se piquent d'être infidèles à leur foi conjugale et que, si elles répondaient par l'indignation d'une vertu outragée aux propositions des galants, elles se couvriraient de ridicule aux yeux de cette société libertine dont elles tiennent à demeurer les reines ? A elles les compliments, les adulations, les succès du monde, et non ses sarcasmes ou ses dédains.

Mais si l'immoralité était flagrante, jamais elle ne dégénéra en orgie, en grossière débauche, comme au temps de la décadence romaine. Le vice s'évertuait à y paraître toujours élégant ; il se présentait sous les formes les plus attrayantes, semblable à un nectar délicieux qui alanguit les sens, non à une liqueur forte qui enivre du premier coup. Autant qu'il était possible, même en ses déréglements les plus notoires, Venise tâchait de sauver les apparences. L'imagination italienne, si fertile en *combinazioni* hypocrites, inventait de ces mots ou trouvait de ces explications destinés à tout idéaliser. Les amants les plus avérés étaient des sigisbées, dont le soin était d'amuser et de distraire les épouses, d'aimables gentilshommes qui avaient à cœur de les consoler du chagrin que leur causaient des maris jaloux et ennuyeux, mais nullement des corrupteurs du foyer domestique. Les courtisanes, si nombreuses un moment qu'on avait dû les chasser, étaient qualifiées par l'État de *benemerite meretrici*, parce qu'elles aidaient la police des inquisiteurs à surprendre les secrets importants (1). Les répudiations, qui devenaient fréquentes, étaient la liberté rendue pour leur bonheur réciproque à des couples mal assortis, non une rupture cynique du lien conjugal si gênant pour les natures volages. C'était du moins ce qu'on observait aux censeurs moroses qui avaient le tort de se scandaliser. Les antiques vertus qui avaient fait la grandeur de la République, amour du négoce, esprit militaire, activité gouvernementale, dignité de mœurs, s'en étaient allées. Tout ce qui exigeait un effort, tout ce qui domptait les passions, tout ce qui contrariait les volontés était pris en horreur.

(1) DARU, *Histoire de la république de Venise*.

Les couvents mêmes, nous l'avons dit, notamment les couvents de femmes, avaient été atteints par la contagion. Non que les religieuses y menassent une vie de désordres continuels, non que l'impudicité y eût élu domicile. Mais ils n'étaient plus des lieux de prière et de mortification. Leurs parloirs ressemblaient plutôt à de coquets salons qu'aux appartements sévères d'une maison de retraite consacrée à Dieu. Habillées d'une robe monacale assez fantaisiste qui parfois laissait voir la blancheur de leur gorge, montrant aussi sur leur front les frisons d'une chevelure soyeuse, les sœurs y recevaient de brillants cavaliers venus non pour discourir de pensées chrétiennes ou s'inspirer d'exemples réconfortants, mais pour se distraire en gaie et joyeuse compagnie. On y faisait de la musique, on y servait des rafraîchissements, on y riait à cœur joie, et, dans les grandes circonstances, on allait jusqu'à exécuter des danses (1). Quant aux conversations ayant cours, elles avaient le ton le plus enjoué et touchaient les sujets les plus frivoles. Il n'était pas rare d'y entendre parler

(1) MOLMENTI, *la Vie privée à Venise, depuis l'origine jusqu'à la chute de la république.* — MARCHESI, *Settant anni di storia di Venezia.*

de spectacles et de bals, de toilettes et de chif-
fons, de parures et de bijoux. Les moniales voulaient tout savoir des pompes mondaines; elles
multipliaient les questions et n'étaient jamais
lasses de prolonger ces entretiens profanes.
D'ailleurs, dans une ville entièrement livrée au
plaisir et étant donnée la façon dont elles étaient
entrées en religion, cette curiosité de leur part
s'expliquait aisément. Appartenant la plupart à
d'illustres familles où régnaient le luxe et l'opulence, leur éducation les avait généralement peu
préparées au recueillement du cloître. Si elles
n'eussent écouté que leurs inclinations, elles se
seraient mariées et auraient figuré avec avantage
dans la société. Mais, afin de s'éviter l'ennui
de leur fournir une dot, leurs parents en avaient
décidé autrement. Des enfants à établir, n'est-ce
pas fort désagréable lorsqu'on ne songe qu'à
soi; n'est-ce pas un sacrifice qui coûtait énormément à une aristocratie avide de jouissances
et nullement disposée à réduire son train? Le
couvent au contraire tranchait la difficulté; il
permettait de se débarrasser à bon compte de sa
progéniture. Aussi, en dépit de leur répugnance,
l'égoïsme d'un père et d'une mère obligeait-il
tant de jeunes filles à revêtir le voile. Les voca-

tions forcées étaient devenues, à Venise, une plaie, comme elles l'étaient en France sous l'ancien régime. Personne n'en gémissait plus que les croyants sincères ; car ces religieuses malgré elles, manquant naturellement de ferveur et d'enthousiasme pour la gloire de l'Église, étaient bien plus un sujet de scandale que d'édification. Tristes et mécontentes derrière les grilles de leur clôture, elles n'aspiraient qu'à en sortir, et leur esprit était sans cesse tourné vers ce monde qu'elles regrettaient tant d'avoir quitté. Plus arrivaient à leurs oreilles les échos du dehors, plus s'avivait leur douleur et plus insupportable leur apparaissait la règle conventuelle.

Entre tous, le monastère de Saint-Zacharie avait la spécialité de recueillir ces patriciennes de haute naissance, dont l'orgueil et les goûts dissipés s'accommodaient mal de la simplicité évangélique (1). Et, si l'on cherche à pénétrer les souffrances morales auxquelles elles étaient en proie, une fois séparées des objets de leurs affections, il suffit d'évoquer ici le portrait de la Gertrude de l'abbaye de Monza, tracé de main de maître par Manzoni dans ses *Fiancés*. Quelles

(1) ROMANIN, *Storia di Venezia*.

cruelles tortures chez une pauvre créature que la volonté impérieuse des siens a condamnée à prononcer ses vœux ! Quelles alternatives de résignation et de révolte, quelle amertume, quels désenchantements de chaque instant ! L'admirable écrivain a-t-il imaginé ce personnage si saisissant de vérité psychologique ou, comme d'aucuns l'affirment, l'a-t-il peint d'après la réalité ? Nous ne saurions répondre. Dans tous les cas, il exista sinon en Lombardie à l'époque fixée par le romancier, du moins à Venise, au dix-huitième siècle, une religieuse de noble race, dont l'histoire est aussi lamentable. Marie da Riva, tel était son nom, avait été contrainte d'embrasser un état pour lequel elle avait une antipathie profonde. Prières, protestations, rien n'avait pu ébranler l'entêtement de sa famille. Sa nouvelle existence n'avait pas tardé à lui être un supplice et elle se morfondait au milieu des longs corridors de son couvent, quand un jour le comte de Froullay (1), l'ambassadeur de France près la sérénissime République, l'apercevant au parloir, en tomba amoureux. Dès lors il y revint souvent. Mais, ses assiduités ayant

(1) Froullay représenta la France à Venise de 1733 à 1743; il y fut le prédécesseur immédiat du cardinal de Bernis.

donné l'éveil, on s'empressa de soustraire la jeune sœur à ses regards. Toutefois le galant diplomate ne se déclara pas battu ; il redoubla d'audace et la chronique scandaleuse raconte qu'il décida Marie da Riva à s'enfuir nuitamment de sa cellule pour aller le rejoindre, masquée. dans les redoutes. Finalement, Marie da Riva dut changer de monastère ; on l'envoya à Ferrare où sa vocation ne s'éveilla pas davantage, et le pape l'ayant relevée de ses engagements, elle fut trop heureuse d'épouser un gentilhomme de Bologne (1).

Loin de nous la pensée, par cette anecdote et ces considérations, de prétendre qu'il n'y avait partout que des moniales si peu recommandables. Généraliser de la sorte serait évidemment injuste, et nul doute qu'on rencontrait encore à Venise, à l'heure où le relâchement avait tout envahi, des ordres monastiques où fleurissaient toutes les vertus chrétiennes, asiles vénérés de la foi, du renoncement et de la prière. C'étaient précisément ceux où on n'acceptait que des vocations éprouvées, des âmes d'élite entrées de leur plein gré au service de

(1) CASANOVA, *Mémoires.* — MOLMENTI, *la Vie privée à Venise depuis l'origine jusqu'à la chute de la république.*

Dieu, et non des mondaines transformées en nonnes à seule fin de favoriser les calculs intéressés de leurs parents. Là, point de riches trousseaux à la prise de voile comme s'il s'agissait d'une mariée : pour tout vêtement, une robe de bure et du linge grossier. Là, le jeûne était austère, la clôture sévèrement observée, l'oraison continuelle. Et c'étaient ces pieux instituts, dont la vie de sainteté, pratiquée dans toute sa perfection, faisait mieux ressortir le désordre d'une cité corrompue.

Un des vices qui y sévissait alors avec fureur, au point de devenir un danger inquiétant, était le jeu. N'est-ce pas du reste la marque de la décadence d'un peuple ? Car cet amusement pernicieux exerce d'ordinaire une énorme attraction sur les oisifs et les débauchés, les uns y cherchant un moyen d'occuper leur désœuvrement, les autres l'argent nécessaire à leur soif de plaisirs. Or oisifs et débauchés, il ne faut pas l'ignorer, foisonnaient à Venise. La fine fleur de la société ne cessait d'accourir au *Ridotto*, maison publique de jeu jouissant d'autant plus de popularité qu'elle avait l'estampille du gouvernement et était fréquentée par les fonctionnaires du rang le plus élevé. Spectacle assurément assez étrange que celui de ces graves sénateurs, de ces magistrats à la figure rigide, assis, en compagnie de patriciennes masquées, autour des tables de ces salles resplendissantes de lumières ! Ducats et sequins s'entassaient devant eux ; ils les perdaient ou les gagnaient avec un flegme imperturbable. Un jour cependant le Grand Conseil, effrayé des ruines qui frappaient tant de familles, ordonna la fermeture de cet établissement (1774) (1). Mais de toutes les passions, celle du jeu est peut-être la plus invétérée. Et dès que l'autorité supérieure eut supprimé le *Ridotto*, il n'y eut pas de café et de casin où les cartes ne fussent en faveur. La police menaçait-elle d'intervenir, vite on se réunissait dans un endroit plus caché pour jeter l'or à pleines mains. De plus en plus, Venise ressemblait à un vaste tripot où hommes et femmes rivalisaient d'ardeur. Celles-ci jouaient jusqu'à leurs diamants les plus précieux, jusqu'aux parures qu'elles étaient si fières de porter. Le pis, c'est que la contagion s'emparait des plus humbles. Non seulement les gens de fortune modeste s'empressaient d'imiter l'exemple

(1) Casanova, *Mémoires.*

fâcheux que leur donnait la riche aristocratie, mais le peuple, le petit peuple risquait au pharaon ou à la bassette son salaire quotidien. Au surplus, la société qui peuplait ces lieux était singulièrement bigarrée. Là fusionnaient sans fausse honte toutes les classes et toutes les conditions, ailleurs si entièrement tranchées. Le noble s'y rencontrait avec le bourgeois, la grande dame y coudoyait la courtisane, l'opulent Mécène y voisinait avec le marchand, et c'était à qui d'entre eux ferait durer plus longtemps ces séances passionnantes d'où l'étiquette était absente.

Les causes de cette corruption générale, à laquelle s'abandonnait l'antique république, étaient multiples. On doit noter d'abord un amour effréné du luxe. Les Vénitiens, artistes comme tous les Italiens, demandaient à l'art de satisfaire sans compter leurs caprices. Nulle part on ne voyait des palais construits avec un goût plus exquis, et la richesse qui s'y déployait à l'intérieur était inouïe. Peintures merveilleuses, statues de marbre et de bronze, meubles ravissants et rares, tentures du tissu le plus fin éblouissaient les yeux. Il n'y avait pas un coin qui ne fût un chef-d'œuvre d'élégance. Les chambres et les boudoirs étaient aussi fastueux que les appartements de réception. Les femmes des patriciens, qui habitaient ces superbes demeures, se montraient à l'unisson du cadre. Pour plaire et pour séduire, que n'auraient-elles pas fait ? Non seulement elles portaient en tout temps et dans toutes les fêtes des toilettes d'une fraîcheur et d'une coupe sans égales, mais elles ne négligeaient aucun artifice, aucun raffinement de nature à rehausser leur beauté. A l'aide d'onguents ou d'eaux savamment composées, elles réussissaient à donner à leur chevelure la nuance éclatante de l'or, travail qui réclamait des soins continuels et les obligeait à se sécher de longues heures sur leurs balcons aux rayons du soleil. Grâce au fard dont elles étaient prodigues, elles savaient encore relever la pâleur de leur teint, désireuses de paraître devant leurs adorateurs toujours roses et jolies. Les parfums n'avaient pas davantage de secrets pour ces belles coquettes ; elles en connaissaient toutes les espèces et chaque jour elles versaient dans leur bain les essences les plus odorantes. La moindre chose leur servait de prétexte à l'exhibition de nouveaux atours. Afin de se préserver de la boue, elles chaussaient leurs pieds mignons de *calcagnetti*, patins à talons hauts qui rendaient leur marche assez difficile. Mais au lieu d'en diminuer la hauteur, elles s'ingénièrent à l'exagérer ; et soi-disant pour dissimuler cette chaussure bizarre, en réalité pour se parer plus pompeusement, elles ajoutèrent à leurs robes une traîne interminable (1).

Si une telle recherche s'étalait dans le cours de la vie habituelle, qu'était-ce lorsque se produisaient les grands événements de famille ? La naissance, le mariage, la mort même étaient l'occasion de magnificences sans nom. Un enfant venait-il de naître, l'accouchée recevait aussitôt une foule de visiteuses, empressées de lui prouver leur sympathie par la remise de cadeaux splendides. La cérémonie du baptême avait perdu son vieux caractère de simplicité chrétienne. Elle n'était plus qu'un spectacle profane où l'on conduisait à l'église avec toute la somptuosité possible le petit être vagissant. Les noces des filles de noble maison dépassaient en opulence tout ce qu'on pouvait rêver. Les trousseaux étaient de vraies merveilles. Linge d'une finesse

(1) MOLMENTI, *La Vie privée à Venise depuis l'origine jusqu'à la chute de la république.* — Cn. YRIARTE, *Venise, histoire, art, industrie,* etc.

à nul autre pareille, dentelles du plus haut prix, jupes et corsages de brocart, rien ne manquait à ces reines. Et que de divertissements, que de festins de gala en leur honneur, quel brillant cortège pour les mener à l'autel ! Quant aux funérailles, l'orgueil de caste les transformait en une pompe indécente d'où tout chagrin sincère était banni et où à peine une pensée pieuse allait à l'âme du défunt. Qu'on ne croie pas que ce luxe se bornât à la seule ville de Venise, il s'étendait aussi sur la terre ferme ; et s'il était le fait d'une élite, il avait le même éclat que dans la métropole, étant déployé par les podestats chargés de gouverner les cités populeuses ou les riches patriciens en villégiature. Dans les villas de ces derniers, situées pittoresquement sur les bords des rivières ou auprès des montagnes, on retrouvait le décor des palais vénitiens avec en plus les belles avenues des parcs et les sous-bois mystérieux. Là, les amphitryons pratiquaient une hospitalité large et princière, y conviant de nombreux invités auxquels ils offraient les distractions les plus variées. Musique, comédie, danse, poésie, chasse, le tout entremêlé de l'inévitable jeu, étaient mis à profit. Ne fallait-il pas que cette aristocratie, avide d'amusements, vidât jusqu'au bout la coupe des plaisirs (1) ?

Un faste si outré n'avait pas été sans inquiéter le pouvoir civil. Les affaires sérieuses s'en ressentaient, la moralité en souffrait, les fortunes en étaient atteintes. De là la fréquence des lois somptuaires édictées à diverses époques pour en modérer l'étalage. Successivement, le gouvernement avait cherché à restreindre les dépenses qu'entraînaient l'ornementation des demeures, la parure des femmes ou la richesse des fêtes. A leur tour, les patriarches, usant de leur ascendant moral, avaient recommandé plusieurs fois aux élégantes Vénitiennes plus de modestie dans leurs toilettes. Mais presque toujours ces sages prescriptions s'étaient heurtées à la force des habitudes et à la vanité des intéressés. Le luxe s'était développé surtout avec la Renaissance, lorsque Giorgione, Palma, le Tintoret, le Titien, Paul Véronèse portèrent à sa perfection la peinture à Venise. Le magique pinceau de ces maîtres au coloris incomparable enfantait des merveilles. Aussi les doges les invitaient-ils à décorer le palais ducal ; aussi les riches Mécènes

(1) MOLMENTI, *la Vie privée à Venise depuis l'origine jusqu'à la chute de la république.* — MOLINIER, *Venise, ses arts décoratifs, ses musées et ses collections.*

leur multipliaient-ils les commandes; aussi les églises tenaient-elles à voir leurs murs et leurs plafonds embellis de leurs fresques (1). A côté d'eux se distinguaient des architectes et des sculpteurs non moins illustres, tels que Sansovino, Verrochio, Leopardi, Palladio, Vittoria, qui construisaient des édifices et des monuments superbes. A ce moment les artistes étaient vraiment les idoles du public. Les grands les protégeaient, l'État les comblait de prévenances et d'honneurs, les nobles dames étaient fières et heureuses de les attirer dans leurs salons. Nulle société où ils ne fussent admis, nulle réunion où on ne les accueillît avec empressement. Beaucoup d'entre eux étaient les hôtes assidus de Véronique Franco, cette courtisane fameuse qui, touchée par la grâce, devait, encore jeune, renoncer aux plaisirs pour se consacrer aux œuvres de charité. Mais cet art tournait malheureusement les têtes. Chacun se piquant d'égaler ou de surpasser en magnificence son voisin, c'était à qui, dans

(1) L'histoire raconte qu'en échange du droit d'asile que lui offrait l'église de Saint-Sébastien, alors qu'il était poursuivi par la police, Paul Véronèse fut prié par les moines de peindre les magnifiques scènes religieuses qui ornent le sanctuaire.

la décoration de sa maison et le train de sa vie, rivaliserait de pompe. Et, si en plein épanouissement de la Renaissance, il avait tant contribué à cette débauche exagérée de luxe, il n'était pas étranger à la corruption dont la cité des lagunes donnait, au dix-huitième siècle, le triste spectacle.

Si l'art en effet, parce qu'il est le rayonnement du beau, élève l'âme et ennoblit l'esprit, il peut aussi, en amollissant les sens, pervertir plus ou moins les mœurs. Comme toutes les conceptions du génie humain, il est susceptible d'exercer les influences les plus opposées. Suivant la manière dont il est pratiqué et les dispositions des natures auxquelles il s'adresse, naîtront de son action des pensées salutaires ou malsaines, des impressions reposantes ou troublantes. Certes, la peinture vénitienne, quand elle fut à son apogée, était admirable; difficilement on aurait rêvé couleurs plus chatoyantes et lumière plus exquise. Et cependant, même dans ses manifestations les plus grandioses, rarement elle parlait au cœur. Elle charmait les yeux, elle caressait la sensibilité, mais elle ne pénétrait pas l'âme. La plupart des toiles de cette école semblent peintes par d'aimables païens tout adonnés au réalisme. Quelle prodigieuse dépense, par exemple, de qualités hors ligne dans le célèbre tableau des *Noces de Cana*, de Paul Véronèse. Costumes, coloris, perspective, intensité de vie de chacun des personnages, harmonie des groupes, tout y est merveilleux, et on ne saurait dire ce qu'il faut le plus admirer. Mais le mysticisme, le sentiment religieux dans lequel l'artiste aurait dû puiser son inspiration, est absent. La figure de Jésus n'a rien de la sublimité divine qu'on s'attendait à rencontrer; elle est celle d'un homme quelconque, et partant impuissante à fixer l'attention portée plutôt à s'égarer sur les convives du festin. C'est un magnifique chef-d'œuvre qui enchante et éblouit, mais ne parvient pas à émouvoir. Combien, au contraire, la sérénité angélique des vierges sorties de la palette des Florentins, la majesté idéale de leurs Christs et de leurs saints nous remuent davantage !

Mais, à l'époque où l'art déployait ses splendeurs, il n'exerçait point sur les esprits une influence pernicieuse. Comme il était vraiment le rayonnement du beau, il épurait les idées, il affinait le goût. S'il paraissait s'adresser plus aux sens qu'à l'âme, il encourageait les aspirations nobles et grandes en enthousiasmant le peuple vénitien pour tout ce qui aidait à la gloire de la patrie. Malgré son amour du luxe, la République ne consumait pas alors le meilleur de ses forces dans la mollesse et l'oisiveté. Elle restait belliqueuse, elle jouait un rôle d'avant-garde dans le conflit de l'Europe chrétienne avec l'islamisme et consacrait également une partie de son activité aux soins du gouvernement. Le pinceau des maîtres devenait l'auxiliaire du patriotisme, lorsqu'il retraçait les exploits guerriers de Venise et portraicturait ses hommes marquants, doges, marins ou généraux. Même en représentant d'une manière trop profane les scènes évangéliques, il rendait hommage au catholicisme et attisait la flamme religieuse qui brûlait ardemment au cœur de la nation. Seulement quand commença la décadence, quand Venise s'oublia complètement dans l'ivresse des plaisirs, les effets de l'art se firent sentir de tout autre façon. Au lieu d'y voir, à l'instar de leurs ancêtres, la beauté esthétique, l'effort constant vers la perfection, patriciens et patriciennes ne le considérèrent plus que comme un stimulant à leurs inclinations charnelles. Avec leur sensualisme déprimant, ils en défigurèrent les conceptions, ils en faussèrent l'intention, de même qu'une imagination dévergondée tend à transformer en une image obscène la plus chaste des nudités. Les Titien et les Véronèse ne furent plus pour eux que des raffinés de luxure se complaisant dans la représentation des formes lascives ou des poses voluptueuses. Aussi recherchaient-ils, en contemplant leurs toiles, les sensations troublantes ; leur demandaient-ils de provoquer cet enivrement des passions auquel aiment tant à s'abandonner les natures efféminées par une indolence continue. Et c'est à ce moment que la peinture si remarquable d'autrefois contribua, dans une certaine mesure et sans l'avoir voulu, à l'abaissement des mœurs. Les femmes s'en inspiraient pour découvrir un moyen d'apporter encore plus de nonchalance dans leurs allures, de folie dans leurs amusements, de romanesque dans leurs amours. Désireux pour leur part de concourir à la joie de vivre, les artistes contemporains ne négligeaient pas de flatter les penchants à la mode. C'est pourquoi ils esquissaient ces intérieurs où tout était coquetterie et futilité ; c'est pourquoi ils reproduisaient ces fêtes de tout genre qui se déroulaient dans les

superbes demeures d'une aristocratie frivole.
Mais qu'on était loin des couleurs prestigieuses
des maîtres de la Renaissance? A cette époque,
l'art déclinait comme toute chose dans la République. Bien qu'il y eût toujours des peintres de
valeur (1), Tiepolo était réellement le seul à la
hauteur des grands décorateurs du seizième
siècle, le dernier, on peut le dire, de cette pha-
lange illustre qui avait jeté tant d'éclat sur Venise. S'efforçant de marcher sur les traces de
Paul Véronèse, il excellait dans ces tons vifs et
chauds, dans ces figures fraîches et gracieuses
si agréables à l'œil. Mais la réputation grandissante de Tiepolo allait l'arracher à sa patrie.
Épris de son talent, Charles III d'Espagne le
manda à sa cour, et c'est à Madrid qu'il termina
ses jours.

Tous les avantages si nombreux, que possédait
Venise, semblaient d'ailleurs servir à sa perte
morale. A côté de sa peinture, dont elle avait
raison d'être si fière et qui, mal comprise, devenait maintenant un danger, il y avait son climat
contre lequel elle aurait dû mieux se défendre.
Sous ce rapport, Venise était privilégiée. Elle

(1) Il faut citer notamment Pietro Longhi, Guardi, Canaletti
et une pastelliste célèbre, Rosalba Carriera.

avait la chance de jouir d'une température des plus douces. Si le soleil s'y montrait souvent, il ne dardait pas comme en d'autres villes d'Italie des rayons trop brûlants; quand l'atmosphère menaçait d'être suffocante, la brise de mer était là pour en tempérer l'ardeur. En même temps l'azur de son ciel serein répandait sur la cité, sur ses palais et sur ses places, une lumière d'une limpidité admirable. La beauté de son site ajoutait encore au charme de Venise. Bercée par les flots bleus de l'Adriatique, placée comme une reine au milieu des lagunes, traversée par des canaux sans nombre, elle étalait aux regards un panorama enchanteur. Faisant pendant en quelque sorte aux dômes de ses églises et à la flèche de son campanile, se dessinaient à l'horizon les cîmes des chaînes montagneuses, au pied desquelles s'étendaient ses possessions de terre ferme, fertilisées par les eaux du Pô et de l'Adige. Cette position, Venise s'en enorgueillissait à bon droit. C'était à elle, en somme, à l'heure où la Méditerranée était la grande voie maritime, qu'elle avait été redevable de sa prépondérance commerciale, située qu'elle était à l'extrémité d'une vaste mer intérieure et à l'entrée des défilés des Alpes, qui mettaient l'Italie en communication avec l'Allemagne et les Flandres. Si de ce passé il ne subsistait qu'un glorieux souvenir, elle exerçait toujours un attrait irrésistible et telle était sa séduction, que la vie chez elle s'écoulait en partie au dehors.

Bordée par les Procuraties, le temple de San Geminiano (1), la vieille basilique byzantine qui portait le nom du patron de la République, et le palais ducal, la place Saint-Marc ressemblait au forum de la ville. C'était là que se réunissait la population pour discuter affaires ou causer frivolités ; c'était là que se célébraient la plupart de ses fêtes, profanes ou religieuses ; c'était là vraiment que battait le cœur de Venise. Les élégantes patriciennes aimaient à y paraître dans leurs riches atours ; les sénateurs et autres importants fonctionnaires s'y donnaient rendez-vous ; marchands et artisans se mêlaient à la foule des désœuvrés qui ne cessaient d'y flâner. Grouillement perpétuel, cet endroit, unique au monde, ne désemplissait pas. L'animation y était aussi vive la

____

(1) Cet édifice a disparu sous la domination napoléonienne pour faire place au monument actuel appelé *Atrio* ou *Nuova Fabbrica*.

nuit que les après-midi. Sous le firmament parsemé d'étoiles éclataient les rires et les gais propos et retentissaient les sons harmonieux des joyeuses sérénades. Par les belles soirées d'été, lorsque pas un nuage n'obscurcissait le ciel et que l'atmosphère était embaumée des parfums de la nature, les groupes, plus nombreux que jamais, éprouvaient un plaisir infini à y respirer l'air pur. Véritable salon où l'on se faisait de douces confidences, où le froufrou des robes de soie et les voix argentines des femmes caressaient agréablement l'oreille. Les couples amoureux y passaient et repassaient avant de monter dans la gondole, qui, glissant sur l'onde légère, les emportait au large vers les régions des rêves. Quel cadre merveilleux que cette place pour se reposer des soucis de l'existence et y deviser sur ses projets d'avenir ! Comme elle convenait au déploiement des brillants cortèges ou des pompes sacrées ! Chaque année, la procession du *Corpus Christi*, avec les bannières des confréries pieuses, les ornements étincelants des prêtres, l'or de l'ostensoir qui contenait l'Homme-Dieu, y déroulait ses splendeurs ; et c'était un spectacle grandiose que le moment où le patriarche élevait l'hostie sainte devant la multitude prosternée. On voyait également s'y embarquer le doge, suivi de son conseil, des dignitaires qui composaient sa maison, du corps diplomatique, des membres du gouvernement, lorsque, le jour de l'Ascension, il se rendait sur le Bucentaure au Lido à la cérémonie du mariage de la mer.

Mais le chef de l'État n'avait pas besoin d'aller si loin pour assister à la course de taureaux, qui avait lieu le *giovedi grasso* devant sa somptueuse résidence. Sans se déranger, il en contemplait du haut de son balcon les péripéties émouvantes à travers un essaim de ravissants minois et de chevelures dorées ; car à toutes les fenêtres, tapissées de velours et luxuriantes de verdure, se penchaient de belles et nobles dames dont les exploits des toréadors soulevaient l'enthousiasme. Elles les applaudissaient sans se lasser, leur lançant, le plus gracieux sourire sur les lèvres, bouquets et éventails. C'était le début du carnaval si fameux de Venise, de ce carnaval qui, à l'instar de celui de Rome, attirait de tous les coins de l'Europe des milliers d'étrangers. La rue, durant cette semaine endiablée, était maîtresse ; elle disputait aux salons les plaisirs de la danse et de la musique, l'opulence des costumes, le privilège du masque. Les eaux du grand canal disparaissaient sous la flottille des barques remplies d'hommes et de femmes aux pittoresques déguisements. Et que de lazzi partaient de cette foule bruyante, que de déclarations d'amour on se chuchotait à l'oreille, que de barcarolles charmantes se répétaient les échos d'alentour ! Pas un quartier, pauvre ou riche, qui n'entendît tinter les grelots sonores des fêtes carnavalesques. On aurait dit qu'elles ne voulaient jamais finir, tant elles se prolongeaient dans la nuit. Et c'est à ces heures tardives qu'accourait la jeunesse vénitienne au théâtre de la Fenice où, dans un fouillis de rubans et de dentelles et aux sons d'un orchestre étourdissant, se livraient d'interminables batailles de fleurs. Vie joyeuse, vie facile et exempte de préoccupations, telle que l'a décrite Goldoni dans ses spirituelles comédies !

Venise, comme on le voit, était l'enfant gâtée. Pour elle, le ciel et la nature avaient multiplié les dons. Mais il n'y a pas de médaille sans revers, de supériorité dont on n'ait à se défier. Rien n'invite au *farniente* comme le charme du climat. Dans les pays du Sud, la tendance à la nonchalance est plus marquée qu'ailleurs. Il

faut plus de volonté, d'énergie, d'effort sur soi-
même pour y résister. Le danger est qu'ayant
trop cédé à la tentation, on n'ait plus le courage
de se ressaisir et qu'on laisse s'atrophier ses
facultés. Il n'en était pas ainsi, lorsque les
Vénitiens s'adonnaient au commerce et à la carrière des armes ; ils trouvaient dans leur activité
un moyen d'échapper aux influences d'une
température émolliente. Des patriciens, toujours
en mouvement, toujours occupés, ne pouvaient
être atteints par le mal. Si, après des campagnes
où ils s'étaient couverts de gloire, ils venaient
se reposer dans leur cité chérie, ils n'avaient
pas le temps de s'y alanguir, le désir de conquérir de nouveaux lauriers, le noble souci de
combattre l'islamisme arrogant les ramenant
bien vite sur les champs de bataille. De même
que l'engourdissement résultant d'un air trop
pénétrant n'avait guère de prise sur ceux qui
avaient passé de longues journées à leur comp-
toir à établir le bilan de leurs affaires. Et quand,
la République ayant perdu sa prépondérance sur
les mers, l'aristocratie commença à considérer
le négoce comme une dérogeance, bannissant
de ses palais tout ce qui réveillait le souvenir
de sa vocation première, elle ne se crut pas pour

cela dispensée de travailler. La politique, les soins consacrés au gouvernement de la nation remplacèrent chez elle la profession marchande. On n'avait alors d'autre idéal que le plaisir. Promouvoir la prospérité intérieure était le but qu'on s'était assigné et auquel on ne parvenait qu'à force de labeur et d'opiniâtreté. Rien n'empêchait du reste de chercher dans des distractions intermittentes un repos salutaire, un adoucissement à des fatigues pénibles. Mais la paix de Passarowitz habitua les Vénitiens à se désintéresser de toute chose sérieuse. Ils répugnèrent à la moindre peine, ils prétendirent n'assumer aucune tâche difficile et être déchargés de ses responsabilités gênantes. Aussi, oisifs et n'ayant plus de défense à opposer aux effets du climat, ils devinrent la proie de son action déprimante et se jetèrent éperdument dans le tourbillon des jouissances matérielles. Désormais, l'amusement fut leur unique objectif, leur seule passion. Bien importuns leur auraient semblé les esprits clairvoyants, qui auraient tenté de leur ouvrir les yeux sur les périls d'une pareille manière de vivre.

Pourtant nombreux étaient les besoins à pourvoir. Outre la marine et l'armée, les améliorations à apporter dans les différents rouages administratifs, les réformes de tout genre que réclamaient les progrès du siècle, avaient, nous avons déjà eu l'occasion de le déclarer, de quoi exciter leur émulation, mais précisément l'oligarchie qui gouvernait la république ne voulait admettre aucun changement. Trop heureuse d'exercer un pouvoir sans contrôle, elle entendait ne le partager avec personne. Et ce n'étaient pas seulement la bourgeoisie et le peuple qui se voyaient exclus du gouvernement, mais encore les nobles de terre ferme. Car, si ceux-ci étaient appelés quelquefois aux honneurs, on exigeait qu'ils fixassent leur résidence à Venise : condition souvent impossible à remplir. Seule, pour ainsi dire, l'aristocratie de la capitale constituait l'État. A elle appartenaient toutes les prérogatives; à elle étaient réservées toutes les charges importantes. Elle édictait les lois, elle présidait à l'exécutif, elle dispensait la justice, elle administrait même les villes et les provinces; elle dirigeait la police. Et quelle police ! la plus inquisitoriale, la plus odieuse, et, dans certains cas, la plus terrible qu'on pût imaginer. Pendant longtemps, il faut le reconnaître, les gentilshommes s'étaient montrés dignes de leur situa-

tion privilégiée par les services éclatants qu'ils
avaient rendus à leur patrie. Prodigues de leur
sang, ils l'avaient constamment défendue contre
les attaques du dehors. A leurs bras valeureux,
à leur courage intrépide étaient dues les conquêtes qui avaient fait de Venise une république
si florissante. Et, quand ils n'avaient pas guerroyé, leur ardeur, leur intelligence, leurs efforts
persévérants avaient contribué dans leur mesure
à assurer cette hégémonie maritime, par laquelle
leur nation s'était acquis aux yeux du monde un
prestige incontesté. De leur sagacité, de leur
zèle éclairé étaient résultés également le déve-
loppement pacifique des institutions, une industrie active, une sécurité de tous les instants.
En somme, s'ils tenaient jalousement à leurs
privilèges, ils considéraient que ces derniers
leur créaient des devoirs auxquels ils ne sauraient
impunément faillir et que, conséquemment, ils
étaient obligés de consacrer leur temps, leur
dévouement et même, s'il était nécessaire, leur
fortune au salut du pays.

Mais, à ce tournant de l'histoire où nous
sommes arrivés, les descendants dégénérés de
ce grand patriciat vénitien ne méritaient plus les
honneurs dont ils usaient si mal. Si l'équité

n'était pas trop souvent foulée aux pieds, d'autres plus capables, plus appliqués, mieux intentionnés, auraient dû prendre leur place. En tout cas il était inconcevable qu'une aristocratie qui comprenait sa mission d'une façon si étrange fût à peu près l'unique corps à détenir le pouvoir, en écartant systématiquement le reste des citoyens. Mais les traditions étaient si fortes, les habitudes si invétérées et les préjugés si tenaces que personne ne songeait à s'insurger contre un état de choses séculaire. Seuls, les nobles de terre ferme et quelques bourgeois frondeurs soupiraient après des changements. Encore, par crainte des espions officiels, se gardaient-ils d'élever trop haut la voix, se contentant de murmurer tout bas et d'attendre des jours meilleurs.

II

En quoi donc consistait ce gouvernement fameux, dont le caractère était si spécial en Europe
que, pour bien le saisir, il importe de remonter aux
origines les plus reculées de la république ? Lors
de l'invasion d'Attila en 452, les Vénètes, qui
depuis plusieurs siècles occupaient la contrée
située aux embouchures du Pô, se réfugièrent
dans les îlots des lagunes. Un peu dépaysés par
cette émigration forcée, les groupes de chacun
de ces îlots ne pensèrent tout d'abord qu'à eux-
mêmes et choisirent autant de tribuns pour
exercer l'autorité. Mais, sentant à la longue le
besoin de s'unir, ils élurent en 697 un chef unique, qu'on appela *doge* du mot latin *dux*. Nommé
à vie, le doge ressembla à un véritable monarque
dont les pouvoirs étaient immenses, et peu à peu
sa dignité tendit à devenir héréditaire. Maintes

fois en effet il désignait son successeur. En parent
avisé, son choix se portait naturellement sur les
membres de sa propre famille. D'où des dynasties
de doges comme il y avait des dynasties de rois
et d'empereurs. Cependant une semblable désignation étant en opposition avec le principe qui
voulait que le doge sortît de l'élection populaire,
la nation en 1033 l'interdit formellement. Mais
jusqu'à la fin du douzième siècle la souveraineté du
doge ne subit aucune atteinte. Celui-ci se trouvait
aussi maître incontesté dans l'État qu'à l'époque
de la création de la fonction, dont Paul Luc Ana-
feste avait été le premier titulaire. L'établissement
d'un grand conseil en 1173 vint limiter son omnipotence et même cette assemblée eut au commencement une organisation démocratique, puisque, recrutée parmi les différentes classes de
citoyens, elle se renouvelait chaque année. Mais
il arriva pour le grand conseil le contraire de ce
qui s'était passé pour le doge. Estimant que le
renouvellement annuel menaçait d'affaiblir son
influence, quand il était si jaloux de la conserver
intacte et de l'accroître, il n'hésita pas à pro-
clamer l'inamovibilité et l'hérédité de son mandat
(1297). Si un doge trop puissant lui déplaisait, il
lui convenait énormément d'attirer à lui le pou-

voir en l'asseyant sur des bases que rien ne pût ébranler. Qu'il souffrît ou non de cette innovation, le chef de la république n'avait qu'à se soumettre. Tel fut le point de départ de l'oligarchie célèbre qui allait présider aux destinées de Venise.

Désormais tout Vénitien, âgé de vingt-cinq ans, dont la famille avait déjà siégé au Grand Conseil, en faisait partie de droit. Aucun vote n'était nécessaire. Il suffisait d'être inscrit sur le *livre d'or*, inscription équivalant au plus précieux des parchemins, à la preuve d'un noble sang, d'une ascendance aristocratique indiscutable. Figurer au livre d'or, se rend-on compte de ce que signifiait cette chose ? C'était, comme en France, posséder une noblesse datant des croisades. Prestige et honneurs découlaient de ce titre à nul autre pareil. On était patricien de la république, un de ces personnages courtisés et enviés devant lesquels on s'inclinait dans un respect superstitieux. On était classé dans l'élite de cette société élégante et fastueuse dont les salons s'ouvraient si difficilement aux profanes. On appartenait à ce gouvernement dont les peuples étrangers vantaient la sagacité et redisaient les gloires. On était investi d'une charge conférant des privilèges inappréciables et auxquels un malheureux mortel ne pouvait impunément toucher. Bref, on constituait une puissance.

Ayant la mission de légiférer, nommant aux
emplois importants, le Grand Conseil ne s'était
réservé dans la pratique qu'un petit nombre de
prérogatives. Il se réunissait sous la présidence
du doge ; et, pour bien marquer qu'il était le
corps souverain de la nation, qu'il en personnifiait l'âme et en représentait les volontés, nul
idiome autre que le dialecte vénitien n'y était
toléré (1). A côté existait le Sénat ou assemblée
des *Pregadi*, ainsi appelée parce qu'au début,
avant qu'il y eût des séances régulières, ses
membres étaient *priés* par des secrétaires de se
rendre au palais ducal. Outre les principaux
dignitaires de l'État, tels que le doge et ses
conseillers, les procurateurs de Saint-Marc, les
sages, les avogadors, les magistrats de la Quarantie, etc., il se composait de soixante sénateurs
élus et de soixante sénateurs adjoints, de façon à
compter toujours dans ses rangs environ 3oo notables. C'était à lui que le Grand Conseil avait
délégué la plupart de ses attributions. En con-

(1) DARU, *Histoire de la République de Venise*.

séquence, il dirigeait les affaires générales de
la république tant à l'extérieur qu'à l'intérieur,
décidant de la paix et de la guerre, répartissant
les impôts votés en haut lieu, frappant monnaie,
décrétant les emprunts, choisissant les ambassadeurs (1). On voit, par cette énumération,
l'importance des fonctions sénatoriales, et quelle
autorité, quelle considération elles donnaient à
ceux qui les remplissaient ; aussi étaient-elles
fort recherchées. Comme l'aristocratie gouvernait le pays, on les confiait habituellement aux
patriciens les plus illustres. Ils demeuraient
même si continuellement en place, en dépit d'un
roulement obligatoire, qu'une loi du dix-huitième
siècle crut devoir fixer à trois ans la durée de
leur mandat. Quant au pouvoir exécutif, il était
exercé par le doge assisté d'une seigneurie ou
conseil dont la composition était assez hétéro-
gène. Y siégeaient six conseillers proprement
dits et trois chefs du tribunal criminel, auxquels
on adjoignait seize sages désignés pour six mois
par le Sénat et groupés de la sorte : six sages
grands, cinq sages de terre ferme, cinq sages
des ordres. Dans ce cas le conseil du doge

(1) DARU, *Histoire de la République de Venise.*

prenait le nom de collège et, ainsi au complet,
il recevait, au moment de la remise de leurs
lettres de créance, les représentants des puissances accréditées à Venise ou leurs envoyés
extraordinaires dépêchés en raison de quelque
événement solennel. Circonstances où la pré-
séance du doge s'affirmait tout entière. Car,
tandis que les membres du collège se tenaient
debout, leur chapeau à la main, le premier
magistrat de la république restait assis et couvert. Parfois, certains agents diplomatiques
trouvaient que cette manière de déployer son
caractère de prince sérénissime ressemblait singulièrement à un sans-gêne irrespectueux. Même
un ministre du czar ne craignit pas de le faire
remarquer (1).

Mais le doge payait cher ce privilège contestable de garder sur sa tête le bonnet ducal dans
les audiences officielles. Quoique chef de la
nation, il n'avait pas le droit d'émettre un avis,
de décacheter la correspondance, de lire un
rapport quelconque hors de la présence de ses
conseillers. Par contre, ceux-ci jouissaient des
avantages refusés à leur maître. Le plus souvent,

(1) DARU, *Histoire de la République de Venise.*

ils ne délibéraient que quand il s'était retiré et
arrêtaient entre eux le texte des réponses à
fournir aux auteurs des mémoires. Qu'on était
loin des temps où, arbitre de la paix et de la
guerre, le doge commandait des armées, engageait des expéditions, signait des traités d'alliance ! Qu'on était loin de l'époque où, seul, il
rendait la justice sans en référer à personne, où
ses moindres désirs étaient satisfaits aussitôt !
Aujourd'hui il ne formulait pas tant d'exigences
et se serait contenté du rôle plus effacé de souverain constitutionnel. Mais il n'était pas même
cela. Dépouillé successivement de toutes ses prérogatives, son autorité se réduisait à presque
rien. Il vivait dans une servitude dorée, ni lui ni
les siens ne pouvant sans permission sortir
de Venise. Si les attributions usurpatrices des
autres corps, de même que des entraves perpétuelles, lui enlevaient toute indépendance, toute
influence politique, ses actes de la vie privée
étaient aussi jalousement réglés. On surveillait
sévèrement ses appartements, on lui interdisait
de s'y entretenir amicalement avec les ambassadeurs, on limitait le chiffre de ses libéralités, on
lui défendait de posséder des immeubles hors
du territoire du dogado. En réalité, le premier

citoyen de l'État en était le moins libre et le plus opprimé. Il n'avait pas même la faculté, en démissionnant, de se soustraire à une tutelle insupportable. Une fois élu, il était obligé, quels que fussent ses tracas et quelque envie qu'il eût de passer la main à un autre, de demeurer en fonctions jusqu'à sa mort. Ainsi l'ordonnait le Grand Conseil, dont maintenant quarante et un électeurs, se réunissant à la façon d'un conclave, l'élevaient aux honneurs (1). Sa charge était toute de parade. Là seulement il recouvrait son prestige en apparaissant dans l'auréole d'un vrai monarque.

De toutes les cérémonies qu'il avait à présider, une des plus imposantes était celle du mariage de la mer. Symbole de la suprématie maritime de Venise, cet hymen avec les flots remontait au douzième siècle, lorsque, pour remercier le doge Sébastien Zani de l'avoir soutenu dans ses démêlés avec l'empereur Frédéric Barberousse, le pape Alexandre III lui remit un anneau d'or qu'il l'invita, lui et ses successeurs, à jeter chaque année dans l'Adriatique. C'était reconnaître à la république l'empire de la mer.

(1) Ch. Yriarte, *la Vie d'un patricien de Venise au seizième siècle.*

Et, le pontife romain ayant déclaré qu'il fallait montrer que la mer devait lui obéir comme « l'épouse obéit à son époux », cette fête si originale fut appelée la cérémonie des fiançailles. Désormais, tous les ans le doge, monté sur le Bucentaure, se rendait en grande pompe au Lido. Ce jour-là, la cité était en liesse. Les cloches sonnaient à toute volée, les forts tiraient des feux de salve et des milliers de gondoles aux oriflammes multicolores entouraient le vaisseau luxueusement décoré. L'Église elle aussi s'associait à la joie des habitants dans la personne de son patriarche, qui bénissait l'anneau avant que le doge ne le plongeât dans l'onde bleue, en prononçant les paroles sacramentelles : « Mer, nous t'épousons en signe de véritable et perpétuelle domination. » Non moins impressionnante que cette solennité était celle du couronnement du premier magistrat de Venise à son entrée en fonctions. Porté triomphalement autour de la place Saint-Marc au milieu des applaudissements d'une foule immense, on le reconduisait ensuite à son palais, où, du haut de l'escalier des géants, il ceignait la couronne. Pendant longtemps la dogaresse partagea avec son mari un honneur qui la grandissait aux yeux de la nation. Mais, soit que la république voulût réduire des dépenses considérables, soit qu'elle ne fût pas fâchée de diminuer l'éclat de la femme de son doge, elle s'abstint de la couronner, et Élisabeth Querini fut la dernière dogaresse à jouir d'une faveur si enviée (1656) (1).

Si ravalée que fût leur autorité, si humiliant que leur semblât le rôle de soliveau, auquel ils étaient fatalement condamnés, les doges se gardaient bien de secouer leurs chaînes. A défaut d'autre avertissement, la fin tragique de Marino Faliero, qu'on s'empressait le jour même de leur sacre de leur rappeler, aurait suffi à leur enlever toute velléité de s'insurger contre la constitution en vigueur. En tramant en effet une conspiration fameuse sous prétexte de venger la vertu de son épouse gravement outragée par un patricien, le doge Faliero tenait surtout à ressaisir une partie des pouvoirs arrachés à sa charge. Il s'agissait, comme on sait, de faire massacrer par le peuple, au signal du bourdon de Saint-Marc, les nobles de Venise; entreprise aussi téméraire que criminelle, dont la témérité même rendait le succès assez douteux. Quoi

____

(1) MOLMENTI, *la Vie privée à Venise depuis l'origine jusqu'à la chute de la république.*

qu'il en soit, réalisable ou non, le complot fut découvert grâce aux révélations de l'un des conjurés, et Faliero, déclaré coupable de trahison et de forfaiture, eut la tête tranchée sur ce même escalier des géants témoin de son couronnement, tandis qu'on pendait aux fenêtres du palais ducal ses principaux complices (1355). Vainement, le visiteur chercherait, dans la salle du Grand Conseil où sont exposés les portraits des doges, celui de Faliero. Il n'y est pas. Pour vouer sa mémoire à la malédiction de la postérité, la république décida de substituer à son image cette inscription vengeresse, qui s'étale sur la frise : « *Hic est locus Marini Falieri, decapitati pro criminibus.* » Ainsi se trouve perpétué par ces quelques mots le souvenir d'un des épisodes les plus dramatiques de l'histoire vénitienne (1).

D'ailleurs, les doges qu'on choisissait étaient des natures peu combatives et plutôt résignées. De préférence on élisait à ce poste des vieillards

(1) La conspiration de Marino Faliero a inspiré à lord Byron et à Casimir Delavigne le sujet d'un tragédie émouvante. Mais, alors que le poète anglais se contente de demander ses effets à la vérité historique, le dramaturge français, en représentant, contrairement à la tradition, la femme du doge comme une épouse adultère, a donné à son drame une intensité de passion admirable.

fatigués, de talents médiocres, sans notoriété aucune. Les hommes de valeur et d'initiative, désireux d'affirmer leur personnalité, étaient soigneusement écartés. Eux-mêmes évitaient de briguer une place où leurs capacités n'auraient pas eu lieu de se montrer. Ils se réservaient pour les fonctions exigeant du labeur, de l'habileté, une compétence sérieuse, comme celles de sénateur, de podestat ou d'ambassadeur. Les doges, qui, autrefois, soit dans le commandement des armées, soit par des services éminents de tout genre, avaient illustré la république, auraient imité leur exemple. Revenus à la vie, ils eussent certainement refusé de se laisser aujourd'hui investir d'une magistrature purement décorative, où n'ayant rien à ordonner ni à diriger, il fallait accepter des décisions préparées à l'avance contre leur propre vœu. Privés même du droit de grâce qui appartient généralement à tout chef d'État, qu'auraient-ils fait, eux dont l'intelligente activité n'avait cessé de se déployer, dans une situation ressemblant à une annihilation complète ? Autant leur demander de déserter leur devoir, de renoncer à être eux-mêmes. Mais il n'était guère question de voir revivre ces grands ancêtres des époques héroïques. Au déclin du dix-huitième siècle, Venise ne comptait plus en Europe. Sa splendeur militaire s'était obscurcie, son influence politique avait vécu, son rayonnement artistique avait singulièrement pâli. Aussi un doge sans autorité et absolument effacé convenait-il à merveille à cette république moribonde, qui, avant de s'effondrer, voulait s'abandonner à tous les enivrements des plaisirs. Mieux valait pour ceux avides de dignités honorifiques être nommés procurateurs de Saint-Marc. Au moins ces fonctionnaires n'étaient point tracassés. Jouissant de l'inamovibilité, ils administraient, au nombre de neuf, les revenus de la basilique, s'occupaient de son embellissement, exécutaient les fondations pieuses : emploi peu absorbant et les plaçant, sous le rapport du rang, immédiatement après le premier magistrat.

Parallèlement au Grand Conseil et au Sénat fonctionnait un pouvoir redoutable, dont le nom seul évoque les plus sombres réminiscences : à savoir le conseil des dix. Quand on parle à quelques-uns de cette institution, leur imagination se trouble, leur esprit est déconcerté, et il leur semble que, la Venise des fêtes et des magnificences disparaissant de leurs regards, ils n'aient plus devant eux que le spectacle d'une

Venise sinistre où règne en permanence la terreur. Cachots affreux, juges iniques, arrestations arbitraires, noyades mystérieuses au fond des canaux, pendaisons, étranglements dans les prisons, espionnage incessant s'étendant sur une cité entière, la liberté et la vie de chaque citoyen menacées sur la moindre dénonciation anonyme, que n'a-t-on pas écrit là-dessus? Certes le tableau est par trop poussé au noir; l'exagération, manifeste; mais, tout compte fait, la réalité ne laisse pas encore d'être assez inquiétante. Effectivement le conseil des dix, qui était chargé de veiller à la sureté de l'État, accomplissait sa mission d'une façon singulière. Son existence datait de 1310, année du complot de Biamonte Tiepolo, et, pour débarrasser la république de ses ennemis intérieurs, tous les moyens lui étaient bons. Procédure à huis clos, torture arrachant les aveux, jugement secret et sans appel, confiscation des biens, divers modes de mort, de quoi n'usait-il pas (1)? La justice de la sorte devenait un rouage faussé, l'inculpé n'ayant point de défenseur et se trouvant privé, par l'absence de confrontation avec

(1) DARU, *Histoire de la république de Venise.*

ses accusateurs, des garanties que tout pays civi-
lisé doit aux criminels les plus endurcis. Comme
si les dix, malgré leur autorité discrétionnaire,
ne pouvaient pas frapper suffisamment à leur
gré les conspirateurs, ils éprouvèrent le besoin
d'augmenter leur puissance, et c'est ainsi que fut
établie en 1454 l'inquisition d'État, triumvirat
terrible composé de deux membres choisis dans
leur propre sein et d'un membre pris dans le
conseil du doge. Encore si le gouvernement eût
été réellement en danger et si les individus
punis eussent toujours été des coupables dont
la faute était certaine, on eût pu s'expliquer,
tout en blâmant les procédés employés, un
appareil judiciaire aussi formidable. Mais il n'en
était rien. Une peur irraisonnée, confinant à la
monomanie, avait seule dicté la création de ces
inquisiteurs, à la fois policiers et magistrats,
sous les griffes desquels était exposé de tomber le Vénitien le moins subversif. Comment
être à l'abri, lorsque les témoignages les plus
suspects étaient accueillis sans vergogne et la
délation érigée en vertu ? Ne poursuivait-on pas
les gens sur des billets non signés, œuvre la
plupart du temps de la vengeance et de l'envie,
et que leurs lâches auteurs glissaient dans les

bouches de bronze installées au coin des rues ?
Au lieu de dédaigner de semblables papiers, le
tribunal étayait sur eux ses accusations. C'est
pourquoi il ne méritait que mépris et on n'avait
pas tort de se défier de ses arrêts.

Non que les inquisiteurs se fissent un jeu de
condamner des innocents ; non que leurs verdicts
fussent inspirés par la haine ou les rancunes
personnelles. Ce n'est pas ce reproche que
nous leur adressons. Au contraire, ils étaient
assez indulgents dans tout ce qui ne touchait
pas le domaine politique. Mais dans cet ordre
leur esprit ombrageux les portait trop à incriminer de la meilleure foi les citoyens les plus
inoffensifs. Une conversation imprudente, une
légère critique des institutions, une attitude
quelque peu frondeuse revêtaient à leurs yeux
un caractère de gravité exceptionnelle. Et il
ne s'agissait pas seulement de propos publics,
mais des actes de la vie domestique, dont,
avec leurs émissaires qui pénétraient partout, dans la maison du pauvre comme dans
celle du riche, ils connaissaient les moindres
détails. N'allaient-ils pas jusqu'à se servir des
courtisanes pour exercer leur surveillance ?
Alors, sur des motifs aussi futiles, ces hommes

dépourvus de sang-froid n'hésitaient pas à sévir ; et, en raison de l'impossibilité où il était de présenter sa défense, on comprend avec quelle facilité un prévenu sans tache devenait une victime. Par exemple, l'inquisition refusait de s'incliner devant le fait du prince. Chaque fois qu'elle se trouvait en présence d'un ennemi avéré de l'État, elle se montrait impitoyable, le délinquant fût-il inscrit au livre d'or, appartînt-il au patriciat le plus illustre, occupât-il la charge la plus en vue. Et c'était cette égalité de traitement dans la faute qui rendait supportable un tribunal aussi inflexible. Le peuple, la bourgeoisie, tous ceux écartés des emplois, tous ceux privés de droits, se consolaient de leur condition humiliée en pensant que les nobles ne pouvaient impunément se parjurer. Qu'ils menassent une existence dissipée et oisive, les inquisiteurs n'en avaient cure ; mais s'ils s'avisaient d'abuser de leurs privilèges pour se révolter contre la loi, vite ils étaient châtiés.

N'empêche qu'il était dur pour tant de sujets intelligents et laborieux de n'avoir aucune part au gouvernement. Car, rarement l'aristocratie de la république consentait à élever jusqu'à elle partant à admettre aux places et aux honneurs les familles plébéiennes. Même celles, dont les membres s'étaient signalés par d'éclatants services, n'avaient pas à compter sur la reconnaissance officielle. On les remerciait, on admirait leurs exploits, on vantait leur dévouement, mais on s'abstenait de leur conférer les dignités auxquelles elles aspiraient. Quelle différence avec l'aristocratie anglaise si largement ouverte à tous les talents, si empressée à récompenser tous les mérites, si éclairée et judicieuse dans ses choix ! Si pendant des siècles elle a pu, en ayant la haute main sur les destinées de l'Angleterre, en faire l'un des pays les plus puissants, les plus prospères et les plus considérés de l'Europe, n'est-ce pas parce qu'elle n'a point voulu être exclusive, qu'elle n'a jamais rebuté les bonnes volontés, ni paralysé les généreuses initiatives ? En dépit de son attachement aux traditions et aux vieilles coutumes, elle accueillit dans son sein les citoyens éminents de tout rang, quelque modeste que fût leur origine. Loin de croire par là déroger, elle s'estimait grandie par l'adjonction de ces forces nouvelles ; et, libérale sans cesser d'être conservatrice, gardant ses préséances sans se confiner derrière des barrières infranchissables, se perpétuant au pouvoir à toutes les époques et à travers toutes les crises sans verser dans l'oppression, elle est restée en communion permanente d'idées avec la nation qui lui a toujours conservé sa confiance. On ne lui a point vu cet esprit mesquin et borné, cette étroitesse de conceptions, cet ostracisme déconcertant dont la noblesse de Venise était le prototype. Tandis que celle-ci était une caste fermée, une petite église, un de ces corps rétrogrades jaloux de toutes les supériorités autres que celle de la naissance, l'aristocratie britannique a été véritablement une grande classe favorable à toutes les réformes fécondes, n'ayant peur d'aucun progrès, ne dédaignant aucun concours. En eût-il été autrement, elle aurait couru à sa perte. En s'obstinant, en effet, à demeurer figée dans une immobilité béate, elle n'aurait pas tardé à se laisser envahir par l'oisiveté qui fatalement engendre la corruption sociale et affaiblit les peuples les plus vigoureux. Ne vivant plus alors que sur son ancienne réputation, elle aurait végété dans la médiocrité jusqu'au jour où un bouleversement l'eût emportée, avant même qu'elle eût eu le temps de se ressaisir. Heureux encore si l'État tout entier n'eût pas

chancelé sur ses bases à la suite de son effondrement.

La façon dont succomba la sérénissime république n'est-elle pas la confirmation de ces
vérités ? N'est-elle pas la preuve du grave danger
qu'il y a pour un patriciat de se cramponner
désespérément à des privilèges surannés, en
refusant aux autres éléments de la société toute
participation à l'administration du pays ? Pour
rester actif, l'émulation est nécessaire, et il n'y
a d'émulation que si d'autres que vous ont le
droit de se mouvoir. Ce fut la gloire des grands
seigneurs d'Outre-Manche de l'avoir compris.
Ils furent les premiers à désirer que les libertés
parlementaires s'alliant chez eux à l'autorité de
la couronne, le gouvernement de leur île fut réellement un gouvernement représentant la chose
publique, et non l'omnipotence de quelques
familles. Mais, en allant de l'avant, ils évitèrent
de tomber dans l'erreur de la Révolution française, qui brusquement détruisit un passé séculaire. Ils procédèrent avec une sage gradation,
redoutant les moyens précipités, les solutions
hâtives, bref, toutes ces témérités dont les pré-
servaient la pondération de leur esprit et le sentiment des responsabilités puisé dans la longue

pratique des affaires. Fureurs démagogiques, despotisme révolutionnaire, l'Angleterre n'a pas connu ces maux, et la raison c'est que, tout en empêchant l'aristocratie de gouverner à son seul profit, elle ne permit pas que, sous prétexte de supprimer les abus d'un corps, on renversât la hiérarchie et préparât ainsi le règne de la populace sans frein et sans contrôle.

Pauvres patriciens de Venise, pourquoi ne savaient-ils prévoir ? Parce que personne ne faisait entendre de revendication, pouvaient-ils supposer que l'absolutisme de leur régime devait infiniment durer ? Parce qu'au milieu de leurs amusements et de leurs rires, ils n'avaient pas le temps de diriger leur attention sur les vices de leur constitution et les besoins de la nation, croyaient-ils sincèrement qu'aucun changement ne s'imposait, que tant de sujets intéressants devaient continuer à être tenus à l'écart ? Certes, leur république avait, avec ses institutions aristocratiques, joui pendant plusieurs siècles d'une prospérité éclatante ; elle avait même dominé les mers. Mais était-ce un motif de penser que ces institutions, bonnes jadis, convenaient éternellement à toutes les époques et que, valant surtout quand la noblesse trouvait dans le commerce et la guerre un emploi à son activité, elles valaient encore lorsque, soit par l'habitude d'une paix prolongée, soit par l'absence d'émulation résultant de la possession non disputée du pouvoir, cette même noblesse avait été amenée à se lancer dans une vie de folles dissipations? Et quel aveuglement notamment de laisser désarmées les frontières, de ne point travailler à la réfection de la flotte, de négliger de recruter des troupes! Mais non, ces patriciens s'endormaient dans une sécurité trompeuse et préféraient ne rien voir. Pour s'occuper sérieusement du gouvernement, pour remédier à ses défauts, pour reconstituer les forces militaires, il aurait fallu s'arracher au tourbillon des plaisirs. Or c'était, paraît-il, demander l'impossible. Tant que le danger ne serait pas à leurs portes, ces gentilshommes dégénérés s'abandonneraient à la joie de vivre, ne renonçant ni à un festin, ni à une danse, ni à une intrigue amoureuse. Aussi les femmes vénitiennes avaient-elles trop d'attraits. Quand cette brillante jeunesse les apercevait trônant dans les salons, magnifiquement parées et rayonnantes de beauté, elle sentait s'enivrer tout son être. Le cercle se formait autour de ces reines; compliments et flatteries

leur étaient prodigués ; poésie et musique s'effor-
çaient de leur plaire. Les avances des galants
n'étaient point repoussées ; au lieu de se défendre, ces belles coquettes se jetaient dans leurs
bras. Du reste, à cette fin du dix-huitième siècle,
les scrupules en matière de vertu étaient passés
de mode. Courtisée, fêtée, adulée de toutes parts,
la grande dame obéissait plus volontiers à ses
passions qu'à sa conscience. Autrefois, malgré
des tentations multiples, la religion parvenait à
la préserver de la chute. Mais aujourd'hui, ce
frein ne la retenait plus, la foi ayant sensiblement diminué.

Non que le catholicisme ne fût plus en honneur et qu'il eût dû s'effacer devant la philo-
sophie. Loin qu'il en fût ainsi, la république
demeurait fidèle à saint Marc dont elle s'enorgueillissait d'avoir ramené les cendres et qu'elle
avait pris pour patron. Le lion ailé qui dans la
vision d'Ezéchiel figure l'évangéliste était son
emblème ; à aucun prix elle n'en aurait voulu
changer. Elle aimait aussi ses églises, elle édictait des peines contre le blasphème, elle se
plaçait officiellement sous la protection du ciel,
son doge et ses hauts fonctionnaires s'empressaient d'assister aux cérémonies religieuses qui

se déroulaient au dehors. Tout cela ne dénotait guère le scepticisme et l'incrédulité. Mais, si le dogme n'était pas discuté, on oubliait les obligations morales qu'il impose. Les croyances fortes et solides avaient disparu chez beaucoup pour être remplacées par des pratiques de pure apparence, d'où le véritable esprit chrétien était absent. Bien peu de Vénitiens et de Vénitiennes se seraient dispensés de fréquenter les offices. Trop nombreux par contre étaient ceux et celles qui, sous l'empire du relâchement général, ne se considéraient plus liés par les serments du mariage et avaient les mœurs les plus libres. En somme, leur religion était plutôt de la religiosité faite de formalisme et d'habitude, qu'une conviction profonde et sincère.

Cet affaiblissement de la foi frappait tellement les gouvernants qu'ils songeaient à relever le prestige du clergé ; car, chose curieuse, dans ce pays si fermement catholique, les ministres du culte étaient traités avec assez de défiance. On les excluait des charges publiques, on restreignait arbitrairement leurs droits, on chicanait sans cesse leurs immunités. Et un jour, pour protester contre ces mesures, le pape Paul V avait fulminé l'interdit sur la République (1605). Bien que la médiation de la France eût réussi à aplanir le conflit, il en avait subsisté vis-à-vis du Saint-Siège une sorte de rancune, qui se traduisait par des mesquineries. On défendait par exemple aux patriciens attachés à Rome soit par traditions de famille, soit par sentiments personnels, et désignés du nom de *Papalisti*, de participer aux délibérations du Sénat et du Grand Conseil, relatives aux affaires de cette cour. Mais maintenant il y avait une tendance à se rapprocher de la Papauté, à accepter plus docilement ses directions, et le temps était proche où l'on allait donner force de loi à une bulle de Benoît XIV destinée à rendre plus difficile l'annulation des unions matrimoniales, dont on abusait étrangement à Venise (1).

(1) L'ambassadeur de France écrivait le 17 mars 1790 : « Peu de temps après mon arrivée à Venise, je crus de mon devoir de faire connaître au nonce combien il m'était prescrit de contribuer, autant qu'il dépendrait de moi, à ce que la plus parfaite harmonie régnât entre le Saint-Siège et la République. Le ministre de Sa Sainteté s'est empressé à son tour de me donner connaissance d'un règlement décrété par le Sénat le 13 de ce mois. Ce règlement était désiré depuis bien des années par la cour de Rome, qui n'avait pu le faire adopter jusqu'à présent, malgré l'avantage de le mettre en vigueur pour empêcher que les causes de divorce ne fussent jugées trop légèrement. Il est fondé sur une bulle de Benoît XIV publiée la seconde année de son pon-

Cependant, tandis que la cité était plongée dans la mollesse et fascinée par les plaisirs, des échos précurseurs de malheurs commençaient à retentir sur les places et jusque dans ces salons si frivoles, si indifférents à tout. Ne racontait-on pas que des états généraux réunis à Versailles en vue de remédier au déficit des finances venaient de se transformer en assemblée nationale, qu'ils réclamaient une modification complète de la législation, des coutumes, des usages de l'antique monarchie française, qu'ils prétendaient dicter au roi une constitution ? Ne disait-on pas que Paris, cette capitale dont l'influence s'étendait sur le monde, était en

tificat. Je puis, à cette occasion, vous assurer que la République, sentant combien la religion est le premier des moyens pour contenir les peuples dans les bornes de leurs devoirs, s'attache à honorer les ministres de cette religion et à éviter tout ce qui pourrait faire naître quelques différends entre le chef de l'Église et le gouvernement vénitien. Les meilleures têtes de ce pays pensent même que l'on s'y est trompé, lorsqu'on a espéré d'enrichir le fisc aux dépens de nombre de monastères, dont l'utilité n'a été reconnue qu'après les avoir détruits. Si l'on pouvait retourner aussi aisément sur ses pas qu'on marche quelquefois promptement et inconsidérément en avant, le Sénat de Venise restituerait même au clergé une grande partie dont il le priva en le dépouillant et en le dégradant par sa composition. » *Archives Aff. ét. Fonds Venise.* **248.**

pleine fermentation, qu'il s'y préparait une immense révolution, dont il était impossible de calculer les conséquences? Bientôt, après ces premiers bruits, on apprenait que le désordre éclatait dans la rue, qu'une populace furieuse avait renversé la forteresse de la Bastille, qu'elle en avait massacré le gouverneur et les soldats, et que les princes de la maison royale, effrayés, se disposaient à prendre le chemin de l'exil. Ces nouvelles sinistres étaient un réveil terrible pour ce patriciat étourdi, depuis tant d'années, par les fêtes et sourd à tous les avertissements. Elles lui produisaient l'effet du *Mane, Thecel, Pharès*, mots fatidiques qu'une main mystérieuse avait tracés sur les murs du palais où festoyait joyeusement Balthazar, quand Cyrus assiégeait Babylone. Il comprenait enfin qu'il fallait s'arracher à ses amusements s'il ne voulait pas être surpris par les événements. Mais hélas! Venise était condamnée à périr. La politique de neutralité, dont elle s'obstinerait à attendre le meilleur résultat, se retournerait contre elle; et, avant qu'il fût longtemps, un jeune conquérant, apparaissant sur les champs de bataille de l'Italie, n'hésiterait pas, dans l'intérêt de ses combinaisons diplomatiques, à décréter sa ruine.

CHAPITRE II

L'ATTITUDE DE VENISE DEVANT
LA RÉVOLUTION FRANÇAISE

I

Frontières de la république de Venise en 1789. — Sympathies pour la France. — Situation difficile du corps diplomatique. — Le chevalier Hénin représentant des intérêts français. — M. Capello, ambassadeur de Venise à Paris.— Ses observations défavorables sur la Révolution. — Nomination du marquis de Bombelles à l'ambassade de Venise. — Ses attaches royalistes. — Politique pacifique des Vénitiens. — Accueil sympathique fait à la duchesse de Polignac et au comte d'Artois. — Démission de Bombelles. — Il est félicité par la reine de Naples qui lui accorde une pension.— M. Pisani remplace Capello. — M. de Durfort, successeur de Bombelles, est bientôt rappelé. — Passage des troupes autrichiennes sur le territoire vénitien. — Modération de Pisani. — Son départ de Paris après la journée du 10 août. — Il est arrêté par le peuple à la barrière. — Correction de Venise à l'égard des nouveaux gouvernants français.

Quoique la république de Venise fût déchue de

sa splendeur, elle n'en était pas moins en 1789
un des plus importants États de la Péninsule
italienne. Son territoire s'étendait d'un côté de
l'Isonzo à l'Adda ; de l'autre des rives du Pô
jusqu'au Tyrol et à la Carinthie. Elle possédait
en outre, hors de l'Italie, l'Istrie, la Dalmatie,
une partie de l'Albanie et les îles Ioniennes,
formant ainsi une agglomération de près de cinq
millions d'âmes. Sans renfermer, à part sa capitale, des cités très populeuses, elle en comptait
quelques-unes, telles que Vérone, Padoue, Brescia, Bergame, Vicence, Trévise, à qui l'activité,
la richesse et les souvenirs du passé permettaient
de figurer dans un rang honorable auprès de leurs
rivales. Son sol était fertile ; des cours d'eau
nombreux, l'Adda, l'Oglio, le Mincio, le Pô,
l'Adige, la Brenta, la Piave, le Tagliamento,
apportaient partout l'abondance et la vie. Loin de
méconnaître ces avantages naturels, les habitants, moins apathiques qu'au sud, s'empressaient
de les mettre à profit en consacrant à l'agriculture
leurs soins et leur ardeur. Aussi la Vénétie était-
elle avec le Milanais la contrée la mieux cultivée
de la Péninsule. Seules se montraient arides et
désolées les régions situées dans le voisinage
des Alpes. La population était douce, pacifique et

honnête. Elle tenait au terroir, elle était attachée à ses traditions nationales, elle demeurait soumise à ses gouvernants et ne demandait rien tant que de n'être point troublée dans sa quiétude. En ce qui concernait leurs sentiments à l'égard de l'étranger, les Vénitiens inclinaient plutôt vers la France, bien qu'ils eussent rarement guerroyé à ses côtés. L'Autriche, au contraire, avec laquelle ils avaient combattu le Croissant, ne leur inspirait que froideur. Ils la regardaient sans doute comme une nation de race et de langue trop dissemblables pour lui accorder leurs faveurs. Le génie germanique et le génie italien étaient deux antipodes qui empêchaient des sympathies communes. Vainement la politique réunirait les deux peuples, jamais leurs cœurs ne battraient à l'unisson. Au lieu qu'avec les Français, mêlés de tout temps à l'existence de l'Italie, l'entente était facile. Même race, même origine de langue si l'idiome n'était pas identique, mêmes goûts artistiques et même vivacité d'esprit : tout cela ne créait-il pas une attraction, tout cela n'établissait-il pas des liens d'amitié et de solidarité ? C'est pourquoi les rapports officiels ne laissaient pas d'être excellents. Le refus de la république d'entrer dans l'alliance de la France, quand elle le proposait, n'avait en rien altéré l'harmonie qui régnait entre les deux pays. Les rois très chrétiens comprenaient parfaitement à quels mobiles obéissait Venise. Ils savaient que son attitude ne cachait aucune malveillance, que c'était la diminution de ses' forces, son impuissance à jouer un rôle qui l'avait amenée à adopter ce système de neutralité devenu une règle immuable depuis la paix de Passarowitz, et ils en étaient d'autant moins offensés que le cabinet de Vienne avait essuyé la même fin de non recevoir.

Mais, si la France et Venise vivaient dans les meilleurs termes, il s'en fallait que le poste d'ambassadeur dans la cité des lagunes offrît beaucoup d'agréments. Comment en aurait-il été autrement, quand le corps diplomatique, objet partout ailleurs d'attentions marquées, était tenu à l'écart, quand ses membres étaient traités en suspects, quand on assimilait à un délit les relations avec eux ? N'y avait-il pas des lois sévères, édictées au dix-septième siècle, qui interdisaient à la noblesse vénitienne de les fréquenter ? La méfiance insurmontable des inquisiteurs, leur désir de protéger l'État contre les indiscrétions que seraient susceptibles de commettre des patriciens liés avec les ministres accrédités auprès de la république, avaient provoqué cette défense. Cependant, si une telle mesure pouvait parfois avoir son utilité, bien souvent elle manquait son but. Les agents des puissances, privés de la société des grands, ne se faisaient pas faute en effet de suborner des subalternes pour obtenir de leur complaisance la révélation des secrets de l'administration. Mais que d'entraves étaient apportées à l'accomplissement de leur mission ! que d'ennuis, que de contrariétés ils avaient à subir ! Les salons élégants, les maisons aristocratiques ouverts ordinairement aux personnages en vue leur étaient fermés ; il ne leur était loisible d'y pénétrer qu'à la cessation de leurs fonctions. Alors le gouvernement, en reconnaissance de leurs services, leur donnait un présent : maigre consolation de l'ostracisme dont ils avaient eu à souffrir durant leur ambassade. Les autorités ne leur étaient pas d'un accès plus facile et s'ingéniaient à établir entre elles et eux une séparation absolue. Après avoir remis au doge leurs lettres de créance, ils n'en approchaient plus que dans les fêtes officielles, ce dernier, comme nous l'avons dit, n'ayant pas la permission de les recevoir dans ses appartements au cours de sa vie habituelle. Si dans sa loge au théâtre ils étaient admis à lui parler, c'était le visage couvert d'un masque, parce que dans ce cas ils étaient censés avoir dépouillé leur caractère. Ils ne frayaient pas davantage avec les sénateurs, quoique ces augustes fonctionnaires eussent la direction de la politique extérieure. Jamais de visites échangées avec eux, jamais de conversations verbales où l'on peut aisément s'expliquer. Les affaires ayant lieu exclusivement par correspondance, ils leur adressaient leurs mémoires qui étaient lus en séance, et la réponse rédigée par écrit était transmise par un secrétaire du Sénat. Aucune réforme à ce sujet n'était à espérer. Le corps diplomatique avait beau se plaindre, il ne trouvait aucun écho. Plutôt même que de se départir de sa rigueur, la république avait renouvelé avec plus de force à la fin du dix-huitième siècle les prescriptions qui défendaient tout commerce entre les nobles et les plénipotentiaires étrangers, et maintenaient par conséquent ceux-ci dans leur isolement (1).

(1) On lit dans les mémoires de Casanova à propos de cette défense : M. Memmo, épouvanté (*car aucun noble vénitien ne doit se trouver nulle part avec un ministre étranger, sans que*

Au moment où se réunissaient à Versailles les États généraux, la France était représentée à Venise, en attendant l'arrivée du marquis de Bombelles, par le chevalier Hénin, un jeune diplomate très actif, dont l'habileté et le zèle paraissaient fort prisés en haut lieu. Il remplaçait provisoirement à la tête de l'ambassade le comte de Chalon, qui, à la suite d'un différend sur le droit de franchise, avait été rappelé au printemps de l'année précédente (1). Mais si appliqué qu'il fût, et si adroit qu'il se montrât, il lui aurait été difficile de lutter avec les talents de M. Capello, l'ambassadeur vénitien à la cour de Louis XVI. Cet agent était un de ces Italiens d'une perspicacité que rien ne trompe et passé maître dans l'art de prévoir les événements. Prompt à se renseigner, sagace observateur des personnes et des choses, il avait, dès 1788, pré-

par cela seul il devienne coupable de trahison envers l'État),sort en toute hâte de la chambre d'Ancilla (tome II, édition de Bruxelles, 1863).

(1) Il s'agissait d'une visite opérée par les douaniers dans une annexe de la résidence de l'ambassadeur. Au lieu de se borner à protester, M. de Chalon avait fait brûler publiquement la barque appartenant aux fonctionnaires qui avaient procédé à cette inspection. Aussi le Sénat vénitien avait-il demandé son rappel. (Voir *Archives Aff. ét.* Fonds Venise, 244.)

dit les graves conséquences de la décision par laquelle le ministre Necker, en promettant la convocation des États généraux, accordait au Tiers une double représentation ; et, dans une dépêche très remarquée, il avait insisté longuement sur la révolution intérieure dont était menacée la monarchie française. Puis, envisageant la question dans ses rapports avec sa patrie, il avait parlé du danger pour elle de rester isolée, de la nécessité de s'entendre avec une puissance, des difficultés de réussir dans cette voie, si on n'agissait au plus tôt (1). Au fond, c'était une alliance qu'il prônait ; mais il était obligé d'user de circonlocutions, tellement il savait son gouvernement jaloux de sa neutralité. Si Capello se prononçait aussi nettement avant les États généraux

(1)... Domando con ossequio a V. Ecc⁰ se non è questo il momento di riflettere seriamente alla propria situazione e se convenga alla nostra sicurezza starsene isolati da tutti gli altri. Anche, senza entrar in alleanze che esigono maturita e tempo, vi sono dei mezzi di avvicinarsi con una più stretta corrispondenza e con delle aperture segrete : si può essere attaccati più al uno che all'altro ; e si può essere legati senza essere alleati. Una potenza che se la intenda bene con altre esige più considerazione politica ed è più garantita delle soperchierie. E vero che le circostanze fanno gli alleati, ma questi no si trovano poi cosi prontamente al solo momento del bisogno. (Dépêche du 14 juillet 1788, *Archivio veneto*.)

sur la situation du pays où il était accrédité, on pense quel dut être son langage après leur ouverture, surtout quand ils se furent déclarés Assemblée constituante et qu'une série d'actes indiquèrent qu'une ère nouvelle commençait en France. Il n'avait pas attendu les journées tragiques des 5 et 6 octobre, où une populace en fureur avait ramené aux Tuileries, au milieu des sarcasmes et des quolibets, la famille royale, pour dépeindre sous les couleurs les plus sombres les éventualités de l'avenir. Déjà, au lendemain de la prise de la Bastille et de l'émigration du comte d'Artois, il avait annoncé les malheurs irréparables qui allaient fondre sur la nation, prophétisé la guerre civile, les atteintes de toute sorte à l'autorité et dénoncé en même temps le duc d'Orléans comme un prince dont l'impudence était vraiment abominable, *insolenza veramente stomachevole* (1).

Le texte des lettres adressées par Capello à la république était connu dans les grandes lignes du chevalier Hénin et communiqué par ses soins à M. de Montmorin, le ministre des Affaires étrangères; car ce dernier, qu'intri-

(1) Dépêche du 31 août 1789. *Archivio veneto.*

guaient énormément les agissements de l'ambassadeur vénitien, avait autrefois prié Hénin de
chercher à pénétrer, s'il était possible, le secret
de sa correspondance (1). Hénin s'était mis
immédiatement en mouvement. Sans trop de
peine, grâce à son habileté et à ses démarches,
il s'était procuré des gens prêts à le servir;
aussi de nombreux courriers apportaient-ils à
la légation le tableau peu rassurant de la politique de la Constituante et des violences de la
rue, tracé de la main experte d'un Italien des
plus fins, à l'observation infatigable duquel
n'échappait aucun des moindres détails. Hénin,
qui penchait pour les principes de la révolution,
se récriait. Il prétendait que Capello exagérait,
qu'ennemi du peuple français, la passion troublait son esprit. Le Sénat, disait-il, ne prenait pas
au sérieux, blâmait même ses appréciations pes-
simistes. Mais, en dépit de ses protestations, il
lui fallait bien constater que les événements

(1) Je vous serai obligé de chercher à connaître le con-
tenu des dépêches de M. Capello. Quoique je puisse à peu
près savoir la source où il puise ses nouvelles, je ne serai
pas fâché d'avoir un moyen de juger du degré de foi qu'il
y ajoute et d'en prévenir les mauvais effets en faisant
parvenir par d'autres voies au Sénat le contraire de ses
assertions. (*Archives Aff. ét.* Fonds, Venise, 244.)

de France préoccupaient vivement le public. Les gazettes en remplissaient de leur récit leurs colonnes; les salons s'en entretenaient à chaque instant; et, la note humoristique s'en mêlant, il circulait dans les cafés des pièces de vers où l'on plaisantait des embarras de la royauté. Quant au gouvernement, il gardait une correction parfaite. Pour éviter même l'apparence d'un reproche, il s'empressa d'arrêter la diffusion de ces poésies, dès que Hénin lui en eut officieusement exprimé le désir. Évidemment ce n'était pas le doge qui donnait ces ordres. Dans le trouble causé par les bruits du dehors, il n'était pas même question de son opinion. En matière diplomatique, comme dans tout le reste, il n'avait rien à décider, quoique les agents de Venise auprès des puissances européennes correspondissent avec lui et son conseil. Seulement c'était là une pure formalité. Encore, dans certains cas, lorsqu'il s'agissait de sujets délicats, projets d'alliance ou modification du système adopté, on affectait de l'ignorer et les dépêches étaient envoyées directement aux inquisiteurs. D'ailleurs, le doge comptait si peu dans la république qu'un changement de titulaire, dans la première magistrature, n'avait aucune importance. C'est à peine si la nomination au dogat de Louis Manini, à la place de Paolo Renier, décédé au commencement de 1789, avait été remarquée.

Tandis que Hénin inclinait vers les idées nouvelles, le marquis de Bombelles, l'ambassadeur récemment nommé, professait au contraire des principes tout différents. Officier avant d'entrer dans la diplomatie, il était le type de ces brillants gentilshommes de l'ancien régime, qui savaient se distinguer aussi bien sur les champs de bataille que dans les cours étrangères, et auxquels leur éducation et les traditions de famille faisaient aimer d'un même amour le roi et la patrie. Élevé avec le duc de Bourgogne, le frère aîné de Louis XVI, Bombelles avait voué dès l'enfance un culte à ses princes, qu'avait accru son mariage avec Mlle Angélique de Mackau, fille d'une sous-gouvernante des enfants de France et elle-même attachée à la maison de Mme Élisabeth. Avec de pareils appuis, Bombelles avait toutes les chances, sous la monarchie, de parvenir aux honneurs, d'autant que d'une bravoure et d'un dévouement à toute épreuve il était digne de l'intérêt de ses hauts protecteurs. On l'avait bien vu pendant la guerre de Sept Ans, où, malgré son extrême jeunesse,

ses mérites lui avaient conquis le grade de capitaine de hussards. Une fois la paix conclue,
Bombelles avait troqué l'épée pour la carrière
diplomatique, dont sa naissance et sa distinction
lui ouvraient naturellement les portes. Son avancement fut rapide. Après avoir été successivement ministre à Ratisbonne près de la Diète germanique et au Portugal, laissant partout le
meilleur souvenir de son passage, on le désigna
pour le poste de Venise (1). Mais, si quand on
lui avait confié cette ambassade (c'était avant
les États généraux), il était tout heureux de servir
son pays, son zèle de fonctionnaire s'était singulièrement refroidi lorsqu'il y arriva à la fin de
septembre 1789. Bien que la populace n'eût pas
encore obligé Louis XVI et Marie-Antoinette à
abandonner le palais de Versailles, les événements s'étaient suffisamment précipités depuis
le mois de mai, pour que ses convictions d'ardent royaliste eussent beaucoup à souffrir. Toutefois l'accueil charmant qui lui fut ménagé à
Venise de la part de ses collègues et même des
patriciens du gouvernement (autant que le per-

(1) Au sujet de Bombelles, lire les deux ouvrages du
comte Fleury : *Angélique de Mackau, marquise de Bombelles,
et la cour de Mme Elisabeth. — Les Dernières Années du marquis et de la marquise de Bombelles.*

mettait l'exclusivisme en vigueur) le tira un moment de sa mélancolie. Le carnaval de 1790, où, à la faveur du masque, se relâchait la sévérité de l'étiquette, lui fut notamment une occasion d'approcher de plus près le doge et les personnages marquants de la république et de se louer de leur courtoisie.

En ce qui concernait la politique extérieure des Vénitiens, Bombelles put, dès le début de son séjour, se convaincre qu'ils ne songeaient nullement à renoncer à leur invariable système de neutralité. Le conflit armé, qui depuis 1788 mettait aux prises l'Autriche et la Russie, unies dans une action commune, avec l'empire ottoman, en était la preuve péremptoire. En vain le cabinet de Vienne les cajolait-il pour les déterminer à épouser sa cause, le Sénat persistait dans sa réserve, persuadé, écrivait Bombelles, « que les alliances d'un petit État avec une grande puissance tournent essentiellement au profit de celle-ci et que, si elles n'entraînent pas toujours dans de fausses mesures l'allié le moins considérable, elles lui font au moins acheter bien cher sa haute protection » (1). Pourtant

______

(1) *Archives Aff. ét.* Fonds Venise, 248.

Venise n'avait guère à se louer des Turcs, dont un de leurs pachas, celui de Scutari, multipliait à son endroit les vexations. La France était la première à se réjouir de cette conduite pacifique. Elle avait même cru devoir féliciter publiquement l'amiral Emo de l'énergie qu'il avait déployée pour maintenir intacte la liberté des mers et protéger contre toute attaque son pavillon national. La prudence inspirait l'attitude de la république. Ce n'était pas au moment, où l'agitation des esprits dans la capitale des Français retenait l'attention de l'Europe, qu'elle allait se lancer dans de folles aventures. Mais, en dépit de sa circonspection, il n'était pas difficile de sentir que ses sympathies ne penchaient pas du côté du nouvel ordre de choses. Un gouvernement essentiellement aristocratique, fondé sur les privilèges et se perpétuant dans les mêmes familles, devait mal comprendre les principes d'égalité proclamés par la Constituante. Il les comprenait si mal que les inquisiteurs hésitaient à cette heure à élargir, après qu'il avait terminé une peine de dix années d'emprisonnement dans la citadelle de Vérone, le procurateur Pisani condamné en raison de ses opinions libérales et regardé comme le chef du parti réformiste. Comment d'ailleurs l'État de Venise, où régnait un calme absolu et qui avait eu l'avantage de ne point connaître les luttes fratricides des autres pays de l'Italie, aurait-il assisté avec indifférence aux troubles violents dont Paris ne cessait d'être le théâtre ?

Aussi les autorités redoublaient-elles de surveillance vis-à-vis des étrangers. Ceux-ci voulaient-ils s'éviter les foudres administratives, force leur était de s'abstenir de propos compromettants ; sinon, ils étaient impitoyablement expulsés. Les Français, suspects de partager les idées de la Révolution, se trouvaient surtout dans une situation critique. Il leur fallait continuellement s'observer, ce qui ne les empêchait pas d'être vus d'assez mauvais œil et tenus à distance. Par contre, lorsque la duchesse de Polignac, l'amie dévouée de la reine de France, récemment sortie du royaume, se rendit à Venise, elle y fut l'objet des témoignages de respect de la population entière. L'accueil fait au comte d'Artois fut encore plus significatif. Venu au commencement de 1791, pour séjourner quelques semaines, il fut, quoiqu'il prétendît garder l'incognito, salué par les corps officiels qui prodiguèrent en son honneur les prévenances et les divertissements.

La république se montrait tout heureuse de manifester sa déférence envers d'augustes hôtes touchant de si près à Louis XVI et à Marie-Antoinette, d'autant qu'en agissant ainsi elle ne manquait en aucune façon aux obligations internationales. A cette époque, en effet, les émigrés n'étaient point hors la loi; aucun verdict ne les frappait. En attendant les décrets de la Législative, il n'y avait que des menaces à leur adresse. Le frère du roi et la duchesse de Polignac n'étaient donc que deux illustres personnalités voyageant dans la Péninsule.

Nul plus que Bombelles n'avait éprouvé de plaisir à constater l'empressement marqué avec lequel les Vénitiens recevaient le comte d'Artois. C'était pour ce royaliste convaincu une consolation au milieu des tristesses à lui causées par l'audace croissante des révolutionnaires. Mais les jours de son ambassade étaient comptés. La Constituante ayant exigé le serment civique des agents diplomatiques, plutôt que d'y consentir il préféra résigner ses fonctions malgré l'amitié qui le liait à Montmorin. A cette nouvelle, la reine de Naples ne put contenir son admiration. Comme elle s'était arrêtée à Venise, de retour de ses pérégrinations en Autriche, elle compli-

menta chaleureusement Bombelles, promit de lui
accorder une pension de 12.000 livres et affecta
de souligner devant Hénin, lorsqu'il lui fut
présenté, la fidélité de son chef à ses sentiments
monarchiques. De son côté Capello, qui rensei-
gnait si exactement son gouvernement sur les
événements de France, avait quitté Paris. Autant
son poste lui était agréable quand la cour de
Versailles multipliait aux ministres étrangers
ses courtoisies et ses avances, autant il lui était
devenu insupportable depuis que le peuple souverain les traitait avec un sans-gêne manifeste.
Sous peine de s'attirer des ennuis, ils devaient
exhiber dans la rue la cocarde tricolore, payer
l'impôt de capitation, illuminer leur hôtel chaque
fois que leur en parvenait l'avis, tolérer d'être
visités aux barrières. La correspondance de
Capello renfermait les aveux de ses déboires.
Par instants même il perdait dans ses juge-
ments toute mesure et allait jusqu'à qualifier les
Français de *Gaulois féroces* (1). Il se plaignait

(1) In conclusione i Francesi sono sempre gli antichi Galli
feroci ; Lodovico XIV, che cerco di toglierli dalle barbarie,
non ha potuto dare ad essi che una vernice esteriore, che col
tempo si e consumata... Abbiamo preso noi tutti e le nostre
famiglie la cocarda nazionale, la ricompensarono generosa-
mente ; abbiamo contribuito, sebbene a titolo di carita fatta

également de l'insolence des sections, dont celle de l'abbaye de Saint-Germain l'avait invité, sans souci de ses immunités, à comparaître à sa barre pour y répondre sur un différend avec le propriétaire de l'immeuble qu'il habitait (1). Aussi Capello, de plus en plus dépité, avait-il sollicité son changement, et le Sénat, faisant droit à sa demande, l'avait accrédité auprès du Saint-Siège.

passare al distretto o al parroco, alla ricerca fattaci per la imposta capitazione ; abbiamo fatto illuminazioni quante volte ci e venuto l'avviso, l'ultimo essendo stato per un tempo indeterminato ; abbiamo tollerato di essere visitati alle barriere e di essere fermati in citta nelle nostre carrozze per domandarci se avevamo niente contra la nazione ed abbiamo dissimulato molte altre indignità, siccome l'intimazione personale di montar la guardia e cose simili, arrivate all'uno odall'altro. (*Archivio veneto.*)

(1) M. de Montmorin ayant fait à ce sujet des représentations à Bailly, maire de Paris, celui-ci écrivit à la section. « M. le ministre des Affaires étrangères m'a fait part des inquiétudes qu'il a que M. le chevalier Capello n'éprouve à son départ de Paris quelques difficultés aussi peu régulières qu'elles seraient injustes... Je vous serai obligé de prendre toutes les précautions convenables, pour qu'il ne soit mis aucun obstacle au départ de cet ambassadeur et qu'on ne puisse, sous aucun prétexte, manquer aux égards dus au caractère qui lui appartient. Je ne dois pas vous dissimuler que M. de Montmorin me mande que les ministres étrangers ont les yeux très ouverts sur la manière dont M. le chevalier Capello a déjà été inquiété et sur tout ce qui pourrait s'ensuivre. »

II

M. Almorio Pisani, son successeur, était en
tous points digne de la place à laquelle l'avait
appelé la confiance de la république. Fin, distingué, d'une souche illustre, possédant une fortune considérable, ses qualités avaient été très
appréciées en Espagne où il remplissait auparavant les fonctions d'ambassadeur, et personne
parmi les patriciens de Venise n'était plus en
état de surmonter les difficultés de sa position
nouvelle. Mais c'était sans enthousiasme qu'il
arrivait remplacer Capello. Le tableau assez noir
qu'on lui avait tracé de la situation présente et
le pressentiment d'une catastrophe prochaine
étaient une double raison de considérer sa mission
comme peu attrayante. Au sortir du séjour calme
et tranquille de Madrid, l'agitation enfiévrée du
Paris révolutionnaire lui semblait une transition
par trop brutale, et il ne s'attendait qu'à des

désagréments sans nombre. Un des premiers provenait de la constitution civile du clergé. Depuis que Pie VI l'avait censurée, les catholiques fidèles refusaient de venir à la messe des prêtres assermentés. C'est pourquoi les compatriotes de Pisani, fort attachés à leurs croyances, lui demandaient de les autoriser à assister aux offices de sa chapelle particulière. Au lieu de répondre, l'envoyé vénitien, très perplexe, hésitait entre le désir d'obtempérer à une prière des plus légitimes et la crainte de déplaire à l'Assemblée constituante. Finalement il en référa au Sénat, qui lui conseilla d'imiter l'attitude adoptée par les représentants des pays catholiques. Les projets, que les clubs et les journaux prêtaient aux royalistes exaltés, ne l'inquiétaient pas moins· Il cherchait à savoir ce qu'il y avait de fondé dans les bruits répandus dans la foule, si réellement les émigrés songeaient avec l'appui de l'Europe à rétablir Louis XVI dans les prérogatives dont on l'avait dépouillé. Dans cette intention il interrogeait fréquemment Gouverneur Morris, son collègue des États-Unis, qui avait des intelligences suivies dans le clan de la cour. En tout cas il était d'une extrême prudence. Pour rien au monde, il n'aurait voulu hasarder une démarche

téméraire dans un sens ou dans l'autre. A défaut
de sa circonspection, celle de son gouvernement
l'aurait engagé à rester dans l'expectative. C'était
ainsi qu'on l'entendait à Venise. Si les préférences
intimes des arbitres de la république étaient
pour la royauté, ils ne tenaient nullement à se
brouiller avec le parti de la Révolution, dont le
triomphe s'accentuait de jour en jour. Et, quand
après l'arrestation de Louis XVI à Varennes, la
plupart des puissances résolurent de ne plus
reconnaître les agents de la France, on continua
dans la cité des doges à se comporter comme
s'il n'y avait rien de changé dans la condition
du roi.

M. de Durfort, qui, au lendemain de ce grave
événement, vint de Florence occuper le poste
laissé vacant par Bombelles, reçut partout le
meilleur accueil. Si plus tard le Sénat fit quelques observations lorsqu'il lui remit l'acte constitutionnel accepté par Louis XVI, ce ne furent
que des observations de pure forme dont les relations officielles entre les deux nations n'eurent
pas à souffrir. Tandis qu'ailleurs on fulminait
contre les Français et dénonçait leur politique à
l'indignation générale, ici on était tout à la conciliation. Il s'en fallait cependant que les gouver-

nants vénitiens fussent rassurés. Ils savaient trop par les dépêches de Pisani et les renseignements qui arrivaient de tous côtés dans quelle fermentation se trouvait Paris. Ils n'ignoraient pas que le désordre y régnait en permanence, que les révolutionnaires ne respectaient rien, qu'ils attaquaient dans leurs journaux aussi violemment les souverains étrangers que le malheureux Louis XVI. Si une telle anarchie provoquait en Europe un émoi indicible, l'Italie, par suite de sa proximité et de ses affinités ethniques, était peut-être plus particulièrement troublée. Au demeurant la situation s'aggravait. La Législative, qui avait succédé à la Constituante, s'était dès le début encore plus montrée hostile au roi qu'elle traitait avec une désinvolture injurieuse. Et, quand au mois de mars 1792, un ministère girondin, présidé par Dumouriez et composé en majeure partie des adversaires de le monarchie, eut pris la direction des affaires, il n'y eut plus de doute que la royauté était sur le bord de l'abîme. La déclaration de guerre à l'Autriche vint augmenter l'inquiétude. Cette fois, Venise était placée en face de difficultés immédiates. Il s'agissait pour elle de vivre en bons termes avec l'empereur, dont les États étaient limitrophes des

siens, tout en refusant de lui fournir un appui.
Déjà la république avait repoussé une demande
de la Sardaigne et de Naples, qui l'invitaient à
entrer dans une ligue défensive. A plus forte
raison était-elle décidée à s'opposer à l'offensive,
l'appel à combattre lui fût-il adressé par le
cabinet de Vienne ou tout autre puissance qu'elle
avait besoin de ménager. Et elle ne cacha pas à
la cour de Turin que, même dans le cas où les
armées françaises franchiraient les Alpes, elle
entendait garder la plus scrupuleuse neutralité.

Si cette attitude pacifique ne pouvait que
déplaire aux monarques coalisés contre la
France, celle-ci avait tout lieu de s'en réjouir.
Au milieu des dispositions malveillantes de
l'Europe, il ne lui était pas indifférent qu'un
pays, si petit qu'il fût, s'abstînt de lui témoigner
de l'hostilité et eût la ferme intention de résister à
la pression constante de ses ennemis. Pour son
compte Durfort insistait sur la sagesse du gouvernement vénitien qu'il avait appris à connaître.
Il louait l'esprit de ses chefs, se félicitait du
traitement dont il était l'objet et se portait garant
de la continuation du système en vigueur. Mais
Durfort n'eut pas l'occasion de servir longtemps
la France dans ce poste d'observation, car ses

fonctions furent encore plus éphémères que la mission de Bombelles. Il était à peine débarqué depuis un an à Venise que Dumouriez, jugeant probablement son civisme insuffisant, lui donna son congé. Désormais la défense des intérêts français incombait à Hénin, qui, dans les circonstances les plus critiques, rivalisa toujours d'habileté et de modération.

La rupture de l'Autriche avec la France entraînait pour la République l'obligation de subir sur son sol le passage des troupes impériales. Non qu'elle voulût favoriser un belligérant au détriment de l'autre. Mais, par cela seul que la Lombardie appartenait à l'empereur, il n'était possible à ce dernier d'avoir de communications directes avec l'Allemagne qu'en empruntant le territoire vénitien. Un accord tacite avait prévu la chose et déterminé la route dont l'accès était permis. C'était celle conduisant des frontières du Tyrol à Mantoue par Chiusa, Gambarra et Castelnuovo. Jusqu'ici l'Europe avait toléré cette facilité, qui, strictement limitée aux endroits indiqués, se justifiait par la nécessité de ne pas laisser l'Autriche coupée de ses provinces d'Italie sans que Venise fût accusée de violer les lois de la neutralité. Néanmoins, malgré l'avantage qu'elle en retirait, la cour de Vienne aurait préféré une autre solution. C'est pourquoi elle avait proposé jadis aux Vénitiens (1748) de lui céder contre un agrandissement en Istrie les districts qui séparaient le Milanais du Trentin. Mais, soit pusillanimité, soit désir de ne rien innover, ils avaient rejeté la proposition. Erreur assurément. Ils se seraient épargné ainsi bien des tracas, auraient été maîtres chez eux et n'eussent pas encouru le reproche de pencher pour la maison de Habsbourg. L'empereur ne manqua donc pas, dans l'été de 1792, d'envoyer à travers la Vénétie des renforts considérables dans le duché de Milan. Hénin signalait la présence de nombreux escadrons de cavalerie qui descendaient des Alpes et déclarait que des démarches avaient été faites auprès du Sénat en vue de leur passage. Point de récriminations d'ailleurs de sa part, tellement cette pratique était devenue une habitude. Il se préoccupait beaucoup plus du décret contremandant le désarmement de l'escadre. Quand Venise venait de terminer un long différend avec la régence de Tunis, repaire de dangereux pirates, il ne s'expliquait cette mesure que par la volonté d'en imposer aux autres en montrant un semblant de marine. D'avance il contestait qu'elle eût des arrière-pensées belliqueuses et s'efforçait de dissiper les craintes conçues un instant à ce sujet par son gouvernement.

S'il pouvait subsister quelques doutes sur les agissements de la république, que certains s'obstinaient à taxer de perfidie, les graves événements à la suite desquels allait s'effondrer le trône de Louis XVI prouvèrent combien ils étaient peu fondés. Depuis son arrivée à Paris, Pisani n'avait cessé de tenir les oligarques vénitiens au courant des progrès de la révolution et de ne négliger aucun détail, aucun incident de nature à éclairer leur jugement. Ses rapports étaient des modèles de modération et de sérénité d'esprit, contrastant absolument avec la passion et la fougue de son prédécesseur. Jamais de mot outré, jamais d'exagération qui nuit à la cause qu'on défend. Toutefois en dépit de son calme il lui était difficile de ne pas condamner les violences de la faction dominante. Les insultes à la famille royale, les encouragements aux pires éléments de désordre, les persécutions de toute sorte contre la religion et ses ministres arrachaient par moments à ce patricien et à ce catholique un cri de douleur. Et au récit de tant d'audace du côté des révolutionnaires en regard de la pusillanimité du fantôme de souverain qui régnait aux Tuileries, les gouvernants de Venise de plus en plus effrayés s'attendaient à un cataclysme imminent dont les conséquences devaient être terribles. L'échec de l'insurrection du 20 juin et l'affirmation de Pisani que *le roi avait infiniment gagné dans l'opinion du peuple* (1) ne leur rendirent pas l'espérance. D'ores et déjà ils savaient la royauté perdue, persuadés que l'infortuné Louis XVI serait dans l'impossibilité de résister plus longtemps à l'assaut formidable livré à sa couronne. Aussi, lorsque six semaines après un courrier extraordinaire leur apporta la nouvelle de la journée du 10 août, ils manifestèrent plus de tristesse que de surprise. C'était le dénouement pressenti, le triomphe de l'émeute et la fin d'une monarchie séculaire. Pisani, qui leur narrait la catastrophe dans toutes ses péripéties, annonçait qu'en vertu des instructions antérieures l'autorisant à prendre un congé, il avait résolu de partir pour l'Angleterre. Mais la

(1) Il re con il suo contégno fermo e tranquillo, pieno di bontà insieme e di corraggio, ha infinamente guadagnato sulle menti popolari. Ieri ricette al solito tutto il corpo diplomatico, ed ognuno di noi rimarcó che la sua fisonomia non portava il segno del minore alteramento.

(Dépêche du 22 juin 1792, *Archivio veneto.*)

sérénissime république n'entrait point en lutte avec la révolution victorieuse. Le départ de son ambassadeur de Paris ne signifiait nullement une rupture. A l'encontre de la plupart des puissances qui enjoignirent aux agents français de se retirer immédiatement, elle se refusa à renvoyer Hénin et lui reconnut toujours son caractère diplomatique. Officiellement il n'y avait rien de changé entre les deux pays, les relations continuaient. Quoiqu'absent, Pisani restait accrédité en France. Fiction si l'on veut, mais fiction qui lui permettait de laisser ouverte sa chancellerie et d'y garder un secrétaire.

Cependant Pisani n'était pas au bout de ses peines. Lui qui n'était venu à Paris que contraint et forcé, n'allait pas en sortir aussi facilement qu'il le croyait. La tourbe jacobine veillait. Si à toute époque elle s'était flattée d'empêcher l'émigration, elle redoublait d'arbitraire maintenant qu'elle avait réussi à renverser le roi. Ivre de ses succès, elle prétendait exercer un droit de contrôle sur chaque voyageur fuyant la capitale, quelle que fût sa qualité. Même les passeports délivrés par les autorités étaient à ses yeux sans valeur, si leur détenteur n'avait pas l'heur de lui plaire. Le peuple ne possédait-il pas la souveraineté ? Sa volonté ne primait-elle pas celle de l'administration ? Pisani s'en aperçut. Le 20 août il s'était mis en route muni d'un passeport signé de Lebrun, le nouveau ministre des Affaires étrangères, et du maire de Paris. Mais, moins heureux que le grand tragique Alfieri qui, regagnant l'Italie avec la comtesse d'Albany, avait fini l'avant-veille par triompher des obstacles (1), il ne put franchir la barrière de Clichy, une foule furieuse s'opposant à son passage. Vainement montra-t-il ses papiers au poste de service qui les trouva en règle, vainement excipat-il de son titre d'ambassadeur, les énergumènes du trottoir se récrièrent, affirmant qu'il lui fallait pour quitter la ville un passeport revêtu de la signature du président de l'Assemblée. Et on lui aurait fait un mauvais parti si l'officier de la garde nationale, craignant pour sa sécurité, ne lui avait conseillé de rebrousser chemin. Pisani obéit. Seulement, au lieu de retourner chez lui, il se rendit à l'hôtel de ville demander des explications sur l'outrage dont il était victime. Là le procureur de la Commune lui répondit que son passeport n'était pas valable et, joignant l'impu-

(1) Lire le récit de ce départ mouvementé dans *Vila di Villorio Alfieri.*

dence à la sottise, il ordonna la visite de son carrosse et l'arrestation des trois domestiques français qui l'accompagnaient. Quant à ses serviteurs vénitiens, on ne les laissa en paix qu'après s'être assuré par les soins d'un interprète de l'authenticité de leur nationalité (1). Ainsi les immunités du corps diplomatique, partout respectées, étaient audacieusement violées. La populace la plus vile commandait et son avis prévalait, même en ce qui concernait les représentants de l'Europe, sur celui du département compétent.

De suite Pisani adressa une protestation à Lebrun, insistant sur son intention formelle de partir aussitôt de Paris et réclamant la protection due à sa personne. Cela suffit pour que le pouvoir législatif prît les mesures nécessaires à l'observation des convenances et à la garantie du droit des gens. Les Jacobins avertis ne cherchèrent pas à riposter. Autant la première fois Pisani avait été molesté, autant quelques jours plus tard son départ s'effectua tranquillement. Il fut fort heureux, d'ailleurs, que cet incident, qui était susceptible d'entraîner de graves com-

(1) *Archives Aff. ét.*, **Fonds Venise**, 249, *Archivio veneto.*

plications entre Venise et la France, n'eût aucune répercussion fâcheuse sur leur politique. Le Sénat n'était pas exigeant, il se contentait des excuses de Lebrun. C'était de l'habileté de ne pas pousser plus loin les choses. N'avait-on pas intérêt à calmer l'irritation causée par l'injure qu'avait subie dernièrement à Gênes le pavillon français ? Sans doute les marins vénitiens, qui dans une rixe avec l'équipage de la *Junon* avaient déchiré cet emblème, avaient été punis. Mais il subsistait des rancunes dont une extrême conciliation pouvait avoir raison. La république le savait et agissait en conséquence.

Au moment où les cabinets manifestaient leur indignation contre la déchéance de Louis XVI, il semblait par son silence qu'elle fût particulièrement désireuse d'éviter de froisser la faction triomphante. Certes ses patriciens partageaient individuellement les même haines que les aristocraties des autres pays. Comme elles, ils détestaient la révolution ; comme elles, ils réprouvaient ses actes et condamnaient ses doctrines. Mais ils formaient aussi une collectivité et se gardaient d'oublier qu'en cette qualité ils avaient la responsabilité des affaires. Provoquer un éclat leur aurait paru une imprudence coupable. Plus leur nation était faible et désarmée, plus ils jugeaient sage de ne pas la compromettre par des plaintes stériles ou des récriminations maladroites. Sous aucun prétexte ils ne voulaient s'associer aux menées hostiles des cours européennes ou servir la tactique des émigrés. Si par mesure de sûreté ils chassaient de l'État les Français suspects, ils refusaient de favoriser les intrigues contrerévolutionnaires et demeuraient sourds aux sollicitations trompeuses des souverains de la péninsule ou autres tendant à les lancer dans les aventures. Quoique artistes accomplis, quoique esthètes raffinés, les Vénitiens avaient en matière politique l'esprit essentiellement pratique. Loin de s'abandonner aux rêveries de leur imagination et de se guider d'après des sentiments, ils comptaient à merveille avec les réalités. La circonspection était leur loi, et, si dégénérés qu'ils fussent au soir de ce dix-huitième siècle, il leur restait encore quelque chose de l'utilitarisme dont s'étaient inspirés leurs illustres ancêtres quand ils se consacraient avec tant d'ardeur et d'intelligence au commerce. Or à quoi bon s'élever contre les procédés des Jacobins de Paris, si leurs remontrances devaient leur attirer des représailles? Pourquoi éconduire le représentant de la France, si par son renvoi ils risquaient de déchaîner tôt ou tard contre eux le fléau de la guerre ? Hénin n'avait qu'à se féliciter de leur attitude à son égard. Même un secrétaire, M. Jacob, lui ayant été adjoint, ils l'avaient agréé. A la vérité le Sénat, dans l'ignorance officielle du gouvernement qu'on allait établir, ne l'avait pas expressément reconnu comme fonctionnaire de la nation; mais, suivant sa réserve ordinaire, il n'avait pas critiqué sa lettre de créance, qui taisait le nom du roi, et continuait à recevoir tous les mémoires libellés de semblable façon. Les nouveaux maîtres de la France n'exigeaient pas davantage de Venise, sentant qu'il leur fallait se montrer modérés. N'était-ce pas la meilleure manière de gagner, à défaut de ses sympathies, ses bonnes grâces et de la maintenir dans sa ligne de conduite ?

Lorsque la Sérénissime République verrait qu'elle n'avait rien à redouter pour son indépendance des révolutionnaires au pouvoir, elle serait assez disposée, malgré ses regrets de la chute de Louis XVI, à conférer son investiture au régime dont la proclamation était imminente. Tout au plus y aurait-il hésitation timide, objection du bout des lèvres, délai de quelques semaines ou distinguo ménageant l'amour-propre. N'y eût-il qu'un pays en Europe à s'incliner devant les résultats de la journée du 10 Août, Venise eût été celui-là. Car il n'y avait guère lieu de présumer que le peuple, paisible et circonspect, qui n'entendait à aucun prix se départir de sa neutralité, irait, pour satisfaire les passions des puissances mécontentes, s'aliéner, au sujet d'une simple reconnaissance de forme gouvernementale, la Révolution française installée maintenant sur les ruines de la monarchie.

CHAPITRE III

LA CONVENTION ET LA NEUTRALITÉ DE VENISE

I

Caractère conciliant et libéralisme de Hénin. — Ses anciens chefs Bombelles et Durfort passés dans le camp de l'émigration. — Affaire de son secrétaire, l'abbé Alessandri. — Maintien de la neutralité désarmée, malgré l'avis contraire de Francesco Pesaro. — Sévérité des autorités à l'égard du prosélytisme révolutionnaire. — Augmentation du nombre des émigrés. — Reconnaissance de la République française. — Mécontentement du corps diplomatique. — Impression produite par l'exécution de Louis XVI. — Hénin demande à être relevé de ses fonctions. — Modération de la Convention dans ses rapports avec Venise. — Mort de Goldoni. — Envoi de Noël comme ministre plénipotentiaire. — Ses instructions. — On refuse de le reconnaître. — Jacob chargé d'affaires. — Ostracisme dont sont l'objet les Français favorables à la Révolution. — Pression de l'Angleterre. — Continuation de la politique modérée de la Convention. — Disgrâce de Noël. — L'agence de Bâle. — Nomination de Lallement. — Il est agréé par le Sénat, en dépit de l'opposition du ministre anglais.

Si la République de Venise voulait vivre en paix

avec la France, elle se trouvait encouragée dans ses bonnes dispositions par l'attitude conciliante de Hénin. Celui-ci, qui était partisan des idées nouvelles, n'avait rien du jacobin. Entré dans la diplomatie sous l'ancien régime, après avoir porté quelque temps l'épaulette de lieutenant de dragons, c'était un homme d'ordre, ennemi des violences, un esprit généreux qu'avaient réjoui les réformes de la Constituante mettant fin à des abus invétérés. Mais, en présence de l'orientation des événements, il s'était vu obligé d'afficher avec une certaine ostentation dans sa correspondance officielle ses sentiments civiques, ouvrant successivement son cœur à Dumouriez et à Lebrun (1). Suggestion de l'ambition,

(1) Je prendrai la liberté de vous dire que ces sentiments ne sont pas l'effet du moment, qu'ils sont à moi et qu'ils ont subi des épreuves qui en assurent la sincérité. J'ai vécu pour ainsi dire jusqu'à présent au milieu des principaux émigrés. Les Polignac et tous leurs adhérents ont habité longtemps Venise. J'ai eu l'honneur d'approcher souvent l'un des frères du roi, et il ne tenait qu'à moi de donner carrière à mon ambition en adoptant un parti qui me souriait. J'ajouterai que mon avancement semblait assuré sous l'ancien ministère, puisque M. Barentin, alors garde des sceaux et mon parent, avait obtenu pour moi la promesse de me faire nommer ministre plénipotentiaire à Gênes ou en Amérique auprès des États-Unis. Cette perspective, sur laquelle je pouvais me permettre de compter, ne m'avait point séduit

désir de la part d'un jeune d'obtenir un rapide avancement. Pourtant il aurait été injuste d'accuser Hénin de n'avoir que des opinions de circonstance dépourvues de toute sincérité. S'il flattait les puissants du jour, il n'en était pas moins un libéral convaincu, très attaché aux principes de 1789. Dès le début de la Révolution, il les avait professés sans savoir comment tourneraient les choses, et avait continué depuis de

ni même ne m'avait point fait regretter l'ancien ordre de choses. Du reste pour mon avancement je m'en remets entièrement à la Providence et par-dessus tout à vos bontés, que j'aurais même la hardiesse de réclamer dans ce moment-ci pour vous solliciter de m'employer en chef, si mes talents répondaient au zèle et au patriotisme dont je me sens animé (19 mai 1792). Permettez-moi de vous faire mon compliment sur votre nomination à la place importante qui vous est confiée... (1er septembre 1792). Ma façon de penser n'a jamais varié ainsi que mon aversion pour le despotisme et les abus de l'ancien régime. Mes sentiments ont été mis à l'épreuve par les caresses et les propositions de nos ennemis; j'ai vécu pour ainsi dire au milieu d'eux, habitant et vivant avec M. de Bombelles. J'ai été à portée de fréquenter pendant plus d'un an les Polignac et toute leur société; j'y voyais le second frère de Louis XVI, dernier roi de France. Il ne tenait qu'à moi d'embrasser le parti des princes émigrés et d'y jouer un rôle que j'aurais pu croire avantageux. Mais je suis loin de m'en faire un mérite, je me suis toujours conservé pur par mon amour inaltérable pour la liberté et l'égalité. Ce sentiment m'a garanti de toute espèce de séduction (16 mars 1793). (*Archives Aff. ét.*, Fonds Venise, 249, 250.)

s'y montrer fidèle, au risque de s'aliéner les sympathies des ambassadeurs sous lesquels il servait. Ardents royalistes, Bombelles et Durfort étaient aujourd'hui émigrés. Le premier, qui avait démissionné au commencement de 1791, ne devait revenir dans sa patrie qu'à la restauration des Bourbons. C'est même en exil qu'à la suite de la perte d'une épouse tendrement aimée, il embrasserait la carrière ecclésiastique. Il devint assez vite chanoine de Breslau, puis évêque d'Ober Glogau, et termina sa longue vie en 1822 sur le siège épiscopal d'Amiens. Le second, qui, plutôt que de regagner la France, avait préféré habiter Venise en simple particulier, tâchait de se consoler de sa disgrâce dans la compagnie d'une Anglaise, miss Seymour, fort hostile aux révolutionnaires français. Il avait noué avec elle une liaison dont il faisait parade, et s'évertuait, sous son influence, à susciter mille désagréments à Hénin, auquel il reprochait ses complaisances pour la faction au pouvoir. Miss Seymour ne dédaignait pas non plus de paraître en scène ; volontiers elle jouait à l'Egérie politique. Désireuse sans doute de mieux soutenir son rôle de maîtresse d'un ex-ambassadeur de Louis XVI, elle avait même accordé une pension à un certain Le Roy, employé autrefois auprès de Bombelles, et que son refus, inspiré de celui de son chef, de prêter le serment, avait privé de sa place. L'exemple de la reine de Naples avait trouvé une imitatrice. Il est vrai que la somme payée était plus modeste ; il est vrai également que le bénéficiaire était un obscur subalterne.

Mais, si obscur que fût Le Roy, il avait réussi à s'imposer à l'attention de Hénin au point de lui être un tourment. Oui, le flegmatique diplomate ne rêvait plus que de cet homme détesté et se demandait s'il n'avait pas trempé dans une aventure récente, bien digne du pays où opérait le conseil des Dix. Depuis qu'il résidait à Venise, Hénin occupait à titre de secrétaire un abbé, nommé Alessandri, originaire de Trente. Peu communicatif, vivant très retiré, nature essentiellement calme, ce prêtre ne troublait guère la paix publique. Il fut cependant invité à quitter la ville comme s'il eût été un dangereux conspirateur. L'avis, plutôt qu'un ordre formel, émanait non de la police, mais du supérieur des Carmes déchaussés. Pour expliquer son intervention, le religieux raconta qu'un inconnu lui avait déclaré avoir reçu de l'argent en vue d'assassiner l'abbé

Alessandri, et que, n'ayant pu se décider à commettre le crime, il le priait de persuader à son confrère du clergé de fuir immédiatement ; car sa vie était sérieusement en danger. Puis le père ajouta qu'on lui avait envoyé ensuite un billet anonyme, menaçant de mort l'abbé, et proposa, afin de faciliter son départ, de lui remettre quinze sequins représentant, soi-disant, le prix de l'assassinat projeté. Ainsi rien ne manquait dans cette affaire : ni le mystère dont on l'entourait, ni le *bravo*, coupe-jarret à gages destiné à y mêler la note tragique, ni le brave moine de la foi crédule duquel le metteur en scène savait abuser à merveille. N'était-on pas en plein mélodrame? Partout ailleurs qu'en Italie la chose eût semblé une plaisanterie macabre, dont le principal intéressé aurait été le premier à s'amuser. Mais on était sur la terre classique du poignard, où, à l'aide de spadassins masqués, s'exécutaient si aisément les meurtres clandestins. Aussi Alessandri fut-il rempli d'effroi. Ni les prières de son chef à qui, tout tremblant, il narra l'histoire, ni ses remontrances, ni ses railleries n'eurent raison de ses terreurs. Et, après avoir accepté les espèces sonnantes, il partit sur-le-champ.

Dans l'opinion de Hénin, l'intrigue était dirigée contre lui. En éloignant Alessandri, on avait voulu l'atteindre, l'obliger à renoncer aux services d'un collaborateur utile et dévoué. Il flairait une machination de Le Roy et autres émigrés auxquels se seraient joints des membres des ambassades étrangères. N'auraient-ils pas, pensait-il, exploité habilement les défiances du tribunal de l'Inquisition pour l'amener, au moyen de cette intimidation, à se débarrasser de l'abbé, puisque ses fonctions officielles à la légation de France empêchaient de le frapper ouvertement. Mais les inquisiteurs se défendaient d'avoir exercé la moindre pression. A les entendre, une enquête sur les antécédents d'Alessandri leur aurait appris que ce prêtre aurait été autrefois suspendu par son évêque pour avoir compromis une femme mariée. C'était donc du côté du mari, désireux de venger son honneur outragé, qu'il fallait chercher la clef de l'énigme. Dans tous les cas, quelle que fût la vérité au milieu de ces versions contradictoires, seul, le retour de son secrétaire importait à Hénin. Il s'empressa de le solliciter de la justice du Sénat, qui écrivit à Alessandri de revenir à Venise, lui affirmant que ses craintes étaient chimériques. Et celui-ci, complètement rassuré, rentra aussi vite qu'il s'était enfui (1).

Si cet incident était pour la République de minime importance, il n'en était pas de même des soins à apporter à la défense nationale. Depuis que les Français avaient envahi la Savoie, cette question était devenue capitale et on se demandait avec anxiété comment on épargnerait une catastrophe à la nation. La plupart des patriciens, qui composaient le Gouvernement, ne voyaient de salut que dans le maintien du *statu quo*. Voilà soixante-dix ans, disaient-ils, que Venise avait cessé de guerroyer. Ce système lui avait réussi. Loin d'abuser de sa faiblesse, les puissances européennes avaient loyalement respecté son indépendance. Si quelques-unes s'étaient efforcées de l'attirer dans leur alliance, leurs efforts s'étaient bornés à des conseils ; jamais devant son refus elles n'avaient recouru à la menace, la laissant libre de poursuivre sa politique pacifique. Aujourd'hui encore il en serait ainsi. Pas plus que par le passé, on ne toucherait à un État qui ne provoquait personne et voulait se faire oublier. Mais cet optimisme

(1) *Archives Aff. ét.*, Fonds Venise, 249, 250. — ROMANIN, *Storia di Venezia.*

n'était point partagé par Francesco Pesaro, procurateur de Saint-Marc, que sa haute situation, sa grande expérience et son jugement éclairé recommandaient particulièrement à l'attention de ses compatriotes. Certes il ne songeait pas à reprendre le programme de conquêtes des temps héroïques, lorsque Venise était prospère et redoutée; il n'avait pas même l'idée de l'inféoder par un traité quelconque à tel ou tel pays. Il préconisait seulement, et avec chaleur, le parti de la neutralité armée, montrant le grave danger, dans les circonstances actuelles, de n'avoir ni une flotte suffisante, ni des troupes de terre capables de résister à une agression. Mais ses exhortations dictées par le patriotisme le plus pur ne rencontrèrent aucun écho parmi les gouvernants. La pensée de sortir de leur inertie leur causait une peur atroce. Volontiers ils regardaient toute mesure de sécurité, toute augmentation des effectifs militaires comme des actes hostiles, susceptibles de leur créer des difficultés, c'est pourquoi ils décidèrent, à une énorme majorité, de persévérer dans leur attitude (1).

(1) Bonnal, *Chute d'une République.*

Le prosélytisme révolutionnaire était un autre sujet de préoccupation. Maintenant que la République avait été proclamée en France, les inquisiteurs étaient encore plus tracassiers. Aucune approbation de la Révolution, de ses réformes les plus justes, des événements les plus insignifiants, n'était tolérée. Sous ce rapport on traitait avec une égale rigueur Vénitiens et étrangers. A la moindre imprudence, le bras de l'autorité s'appesantissait durement sur eux. Quant aux émigrés, si le pouvoir s'abstenait de s'associer à leurs doléances et d'encourager leurs cabales, les salons leur réservaient le meilleur accueil. Peu nombreux au début, leur nombre s'était à cette heure sensiblement accru. On remarquait notamment le comte d'Antraigues, ancien député à la Constituante, où il avait voté la suppression des privilèges de la noblesse. Très habile à se faufiler partout, il n'avait pas tardé à devenir le commensal habituel de M. de Las Casas, l'ambassadeur d'Espagne, avec lequel Hénin échangeait toujours des relations courtoises, tandis que les représentants de la Sardaigne et de l'Autriche avaient cessé de le fréquenter. Un autre personnage aussi en vue, mais qui résidait à Vicence, était le baron de Talleyrand, l'ex-ministre de Louis XVI à la cour des Deux-Siciles, et c'était sans doute en raison de sa parenté avec lui que Mme de Calonne, l'épouse du célèbre contrôleur des finances, avait élu domicile dans la même ville. Il arrivait en Vénétie précisément au moment où son successeur, M. de Mackau, se plaignait amèrement au Sénat par la voie officielle que son agent à Naples eût refusé de lui rendre sa visite (1). Tout ce monde, qui regrettait vivement la monarchie tombée, attaquait avec fureur la Convention, dont Hénin venait de recevoir l'ordre de demander la reconnaissance.

Quelle allait être la réponse de Venise ? Pour Hénin, elle serait favorable. Le Gouvernement conciliant, qui n'avait pas rompu au 10 août, ne pouvait se déjuger en ripostant par un refus. Et puis il y avait un précédent de nature à lui enlever ses scrupules. Les souverains napolitains, si ombrageux et si vindicatifs, avaient reconnu la république française. Pourquoi alors ici se montrerait-on plus intransigeant ? Aussi Hénin fut-il facilement agréé comme chargé d'affaires de la France républicaine. A la presque unani-

(1) ROMANIN, *Storia di Venezia.*

mité, les sénateurs avaient décidé d'accepter ses nouvelles lettres de créance ; à peine comptait-on quelques opposants. Incontestablement la Convention remportait un succès, et elle s'en réjouissait d'autant plus que, si elle savait Venise bien disposée à son égard, elle avait pu craindre un instant de la voir céder aux suggestions des puissances. Mais, avant de prendre conseil de l'Europe monarchique, les Vénitiens avaient eu la sagesse de n'écouter que leurs intérêts. Ils n'en furent pas moins sévèrement critiqués. En apprenant l'admission de Hénin, la surprise et le mécontentement furent extrêmes au sein du corps diplomatique. D'abord il s'évertua à donner le change et prétendit que le Sénat, n'ayant pas dans sa réplique expressément mentionné le mot de république, il ignorait la Convention. Fable ridicule ! Ignore-t-on un pouvoir quand on communique officiellement avec son représentant et lui maintient son rang dans toutes les réceptions ? Puis, lorsqu'il lui fallut s'incliner devant l'évidence, il usa de l'intimidation, pour obliger Venise à se rétracter. Des bruits tendancieux, dont l'origine n'était pas douteuse, circulèrent sur les intentions de certaines nations de rappeler leurs envoyés. L'am-

bassadeur impérial était un des plus irrités. Plus
peut-être que celui d'Angleterre, il criait au
scandale et parlait de la nécessité de sévir. Une
voix vénitienne faisait chorus dans ce concert
d'imprécations. C'était celle de Capello, qui, ennemi acharné de la Révolution, reprochait de
Rome à ses compatriotes d'avoir pactisé avec *un
monstre de gouvernement* (1); mais Venise resta
calme sous l'orage, persuadée qu'elle avait agi
au mieux de la raison d'État.

Sur ces entrefaites eut lieu l'exécution de
Louis XVI, à laquelle jusqu'à la dernière heure
les peuples et les cours n'avaient pas voulu
croire. Dès que la nouvelle en parvint dans la
cité, une émotion profonde jointe à un véritable
sentiment d'horreur s'empara de toutes les

(1) Chi conosce le massimi e i metodi repubblicani, più an-
cora chi conosce quelli della veneta repubblica e la tanto
celebrata prudenza dei nostri maggiori troverà inesplica-
bile, come un passo politico di questa natura e di tanta
conseguenza fu stato discusso e risolto in quattro giorni.
Abbiamo riconosciuto un'anarchia sotto nome di democrazia
con principi distruttori d'ogni autorita legittima e di ogni
societa civile, in somma un *mostro di governo* che non può
sussistere... Mentre oggidi quasi tutte le potenze d'Europa
(e casa d'Austria principalmente che ci circonda da tutte le
parti) sono in guerra contro la Francia, con infinito dolore
non vedo che a Venezia e a Genova un ministro riconosciuto e le armi inalzate della Republica francese (Capello
agli inquisitori di Stato, *Archivio veneto*).

classes de la population. Dans les palais, dans les casins, dans les échoppes, chez les patriciens comme chez les artisans, chacun flétrit l'attentat commis par la Convention. Mais, si vive que fût l'indignation, il ne se produisit aucun éclat, aucune démonstration publique. Plus que dans d'autres pays, les esprits conservèrent leur sang-froid. Néanmoins Hénin prit le sage parti de se dérober aux regards de la foule. Se comporter autrement eût été provoquer. Peu importe qu'il réprouvât lui aussi le meurtre du roi. Aux yeux de l'opinion, il personnifiait à Venise, en sa qualité de fonctionnaire de la France républicaine, la Révolution régicide, or sa vue ne pouvait être qu'odieuse. Hénin avait trop de tact pour ne pas le sentir. Plus il serait discret, plus il éviterait d'affronts. A partir de ce jour, il fut exclu de toute société et traité en paria. Le corps diplomatique affecta de ne plus le connaitre. Les femmes de ses collègues, qui refusaient de le saluer, eurent soin de l'avertir que leur porte lui était consignée, et le ministre de Russie, auquel il écrivit pour les besoins du service, lui retourna insolemment sa lettre sans l'avoir décachetée (1).

(1) Je crois devoir vous rendre compte de la sensation

Si pour tout le monde une pareille situation est intolérable, elle l'était particulièrement pour le Français de bonne compagnie et d'éducation parfaite qu'était Hénin. Habitué d'ordinaire à fréquenter les milieux distingués, il souffrait cruellement d'avoir à supporter les plus durs camouflets, d'être, lui le brillant gentilhomme, un objet de mépris et condamné à vivre dans un isolement absolu. Comme il ne savait se résigner

qu'a produite ici la nouvelle du jugement et de la mort de Louis XVI. Elle a été très vive, mais sans démonstration publique. Elle a beaucoup influé sur ma position particulière par les désagréments qu'elle m'a procurés dans la société. Cette nouvelle est arrivée à Venise le premier du courant... Dans la conversation on m'a traité avec la dernière sévérité. Je puis vous assurer qu'on m'a prodigué les épithètes les plus désagréables. La commotion était si vive les premiers jours même parmi les domestiques des nobles et de la diplomatie, que j'aurais été peut-être insulté, si je me fusse exposé inconsidérément aux regards du public. J'ai cependant pris une attitude raisonnée, qui, sans heurter l'opinion générale surtout en matière de sensibilité, annonçait la fermeté d'un républicain qui ne doit jamais perdre de vue les intérêts du peuple si différents de ceux des rois. Malgré la retenue de mes démarches et la modération de mes expressions, je n'ai pu me sauver de l'espèce de proscription générale, à laquelle le corps diplomatique principalement semble m'avoir condamné. Amis, ennemis, tous m'ont fermé leur porte ; je me trouve expulsé de toutes les sociétés et réduit à ne voir exactement personne (16 février 1793) *Archives Aff. ét.* Fonds Venise, 250.

à son pénible sort, il offrit sa démission à Lebrun et, se souvenant de sa vocation première, il demanda à rentrer dans la carrière militaire pour être employé, sur les frontières, à la défense de sa patrie assaillie de toutes parts. D'ailleurs ce n'était pas d'aujourd'hui que le séjour de Venise avait cessé de lui plaire. Par deux fois déjà, désireux du changement, il avait sollicité un autre poste. Successivement il avait prié qu'on l'accréditât soit à Constantinople, à la place de Semonville dont le Sultan ne voulait pas, soit auprès du duc de Parme, légation laissée vacante par le récent décès du titulaire. Mais Lebrun, peu pressé de rappeler Hénin, faisait la sourde oreille. Outre qu'il attendait d'avoir pourvu au remplacement de Durfort, à qui on n'avait toujours pas nommé de successeur, il tenait, dans les graves circonstances présentes, à garder le plus longtemps possible un agent, dont il appréciait les réels talents.

Quoique la France fût maintenant en guerre avec l'Europe, l'événement du 21 janvier ayant allumé une coalition presque universelle, Lebrun ne cherchait point à multiplier sans motifs le nombre de ses ennemis. Il avait au contraire à cœur de ménager les puissances qui, comme la Sérénissime République, avaient reconnu la Convention et dont les dispositions pacifiques étaient manifestes. Et puis Venise était un des rares États de l'Italie, qui, sans aimer la Révolution, s'était abstenu de toute protestation à son adresse. Ne fallait-il pas l'encourager dans son attitude, en bornant les exigences au strict minimum ? D'autant que Lebrun attachait un grand prix à la neutralité d'un pays par lequel pouvaient passer les courriers d'Orient, et qui, au moment de la rupture des relations diplomatiques avec une partie de la Péninsule, devenait un lieu d'observation important. Aussi n'insista-t-il pas pour que l'écusson républicain fût apposé sur la maison de Hénin. Il recommandait même la circonspection, craignant tout incident susceptible d'entraîner des complications (1).

(1) Dès que l'usage n'est pas à Venise que les simples chargés d'affaires fassent apposer devant leurs maisons les armoiries des puissances dont ils sont les agents, il ne serait pas prudent d'enfreindre cet usage en ce qui nous concerne, dans un moment où l'apposition de l'écusson de la République pourrait occasionner du trouble, vous exposer à des dangers et vous mettre dans le cas peut-être de quitter votre poste. Je laisse à votre sagesse le choix du moment où vous pourrez sans inconvénient mettre en évidence le signe caractéristique de la République (3 mars 1793). Je compte assez sur votre prudence pour croire que, si

L'échauffourée sanglante de Rome, où, par suite
de son entêtement à déployer le nouvel emblème
Basseville avait trouvé la mort, lui était une
leçon. Fermement résolu à empêcher le retour de
scènes semblables, il se reposait entièrement sur
l'habileté de Hénin du soin de ne rien brusquer.

Point n'avait été besoin de ces judicieux avis
pour que celui-ci sût choisir l'occasion oppor-
tune. De lui-même il était acquis aux mesures de
prudence et, malgré la facilité avec laquelle on
l'avait agréé, il ne songeait pas à se prévaloir de
son droit. Il préférait n'agir qu'à bon escient, en
évitant de froisser le Gouvernement et de mécon-
tenter les esprits lorsque se serait calmée l'émotion causée par le supplice de Louis XVI. Quand
il en fut ainsi, quand il eut remarqué une sérieuse
détente dans l'opinion, il avertit de son inten-

vous avez fait apposer l'écusson de la République devant la
maison que vous habitez, ce ne sera pas sans vous être assuré que cette innovation ne présentait aucun danger pour
vous ni pour les Français qui sont établis à Venise. Vous
vous serez rappelé ce que je vous ai mandé par ma lettre
du 3 mars que, dans les circonstances où nous nous trou-
vions, il fallait surtout attacher votre attention à prévenir
tout incident, dont les suites peuvent être de nature à vous
forcer de quitter une résidence où il était extrêmement important que la République conservât un agent (16 avril 1793).
Archives Aff. ét. Fonds Venise, 250.

tion le Sénat qui n'éleva aucune objection. Les armoiries de la République française se montrèrent donc dans Venise sans que se produisît une rixe, sans que fût proféré un cri hostile. La seule apparition d'une compagnie de sbires avait suffi à imposer silence à quelques exaltés, qui avaient menacé de se livrer à des violences. Ce n'était pas des obsessions de la France, mais de celles des puissances coalisées dont à cette heure les Vénitiens avaient à se défendre. On voulait qu'ils se déclarassent contre la Convention. D'abord ils avaient été invités à mobiliser leur armée. Comme ils avaient refusé, on s'était rabattu sur une demande de subsides. Ils n'avaient pas davantage consenti. Leur neutralité devait être réelle; ils n'entendaient en aucune façon jouer double jeu. A défaut de la loyauté, l'intérêt leur dictait leur conduite. Car ils avaient à redouter les représailles, qui n'auraient pas manqué de les frapper si leur duplicité était percée à jour. Du reste, il rentrait dans leur politique de ne pas dilapider en pure perte leur trésor, dont l'état était fort précaire.

Troublée par la fin tragique du dernier roi des Français et la conflagration qui s'en était suivie, la Sérénissime République n'avait prêté qu'une attention distraite au décès de Goldoni, survenu à Paris au mois de février 1793. Pourtant, si un homme méritait d'être regretté de ses compatriotes, c'était assurément celui-là. Originaire de Venise, Goldoni était le grand comique qui avait renouvelé le théâtre italien. A la farce, aux éternelles arlequinades il avait substitué la comédie de caractère où, dans des pièces d'une finesse charmante et d'un style piquant, il flagellait, en peintre fidèle des mœurs, les travers de l'humanité. Son succès avait été très vif ; on l'appelait le Molière de son pays. Sa renommée s'étendant au delà des Alpes, il s'était rendu en 1761 dans la capitale de la France. L'accueil, dont il y fut l'objet, avait été tel qu'il ne la quitta plus. Applaudi, recherché des salons, il fut chargé d'enseigner la langue de Dante aux filles de Louis XV. Désormais la cour lui était ouverte, il l'accompagnait dans ses déplacements et en était pensionné. Mais avec la Révolution commença la disgrâce. Ce protégé de Versailles, ce professeur de princesses ne fut plus qu'un suspect. Et, quand la Royauté eut été renversée, la Convention s'empressa de lui enlever sa pension. C'était la misère pour Goldoni qui, octogénaire et presque aveugle, se trouvait dans l'impossibilité de travailler. Au soir de sa longue vie il en connut tous les tourments et sa détresse fut si navrante que Joseph Chénier tint à honneur de solliciter de l'Assemblée, dont il était membre, le rétablissement du crédit supprimé. Il y réussit. Mais il était trop tard. Goldoni avait succombé avant de pouvoir en jouir. Ainsi s'éteignit en pleine crise révolutionnaire, abandonné et oublié, l'écrivain spirituel, qui avait fait rire tant de ses contemporains.

II

Cependant, un ministre plénipotentiaire ayant été nommé à Venise (mai 1793), les ennuis de Hénin touchaient à leur terme. Il était temps. Ne voyant pas une âme, réduit, en raison de la dépréciation des assignats, à vivre dans une gêne voisine de la misère (1), son existence ressemblait à un enfer et il avait hâte d'en sortir au plus tôt. Par malheur, le successeur qu'on lui donnait laissait beaucoup à désirer. Au lieu d'accréditer auprès du Sénat vénitien un homme expérimenté et habile, la Convention avait été choisir un pédagogue, étranger à la diplomatie, dont le jacobinisme seul avait été la cause de

(1) Sans aucune espèce de crédit à Venise, je me trouve à la veille d'être à la mendicité. Si mon correspondant me fait éprouver le moindre retard, je lui écris de vendre le peu de bien que je puis avoir et de m'envoyer ce dont j'ai besoin (20 avril 1793). *Archives Aff. ét.* Fonds Venise. 250.

son entrée dans les ambassades. Noël, tel était le personnage, professait à l'Université de Paris, lorsque Dumouriez, en prenant le portefeuille des relations extérieures, le créa sur-le-champ premier commis. Quelques mois après il fut envoyé en mission en Angleterre, puis transféré en Hollande au commencement de 1793, et, ayant échoué dans ces deux postes, il allait maintenant opérer dans la cité des doges (1). Mais, si dépourvu que fût Noël de talents diplomatiques, on n'en comptait pas moins sur lui pour la

(1) Noël nous fournit lui-même, dans une dépêche du 20 juillet 1793, des renseignements sur sa carrière. On remarquera qu'il y renie Dumouriez, l'auteur de sa fortune, depuis que celui-ci, devenu traître à sa patrie, est l'objet, très justement d'ailleurs, des anathèmes de la Convention. « ... J'ai trente-six ans; je suis entré au Département des affaires étrangères, le 1er avril 1792, en qualité de premier commis. Le 28 août, le Conseil m'a envoyé en Angleterre; le 1er janvier, le ministre m'a envoyé en Hollande en qualité de chargé d'affaires où j'ai couru le risque de la vie de la part des émigrés, et le 12 mai 1793 j'ai été transféré à Venise... J'ai été nommé par Dumouriez, mais sans qu'il m'en témoignât plus de confiance. Il est de notoriété publique qu'il ne m'a pas parlé une seule fois, pendant tout le temps qu'il a été au ministère. J'ai été nommé par la recommandation de mon ami Quinette, depuis indignement livré par lui, et du citoyen Hérault de Séchelles, qui tous deux peuvent répondre de mes principes et de ma conduite politique... » *Archives Aff. ét. Fonds Venise, 250.*

réalisation de projets importants. La conclusion d'un traité de commerce était un de ceux-ci. Il était instamment prié de s'y employer sans retard. Venise n'y avait-elle pas intérêt? Son trafic du Levant n'avait-il pas à craindre la concurrence de l'Angleterre, à qui on supposait l'intention d'acheter l'île de Malte? Or quelle nation était mieux en situation que la France de contrecarrer l'action britannique ? Noël devait parler aussi des visées autrichiennes relatives à la Valteline. En s'arrogeant le droit de l'approvisionner, le cabinet de Vienne avait déjà un pied dans la place; c'était donc à la Sérénissime République à s'arracher à cette dépendance par l'échange de ses produits avec les Ligues grises. Mais la tâche de Noël ne se bornait pas à ces deux points. Il lui fallait encore montrer aux Vénitiens la nécessité de « resserrer l'Autriche dans la limite de ses États héréditaires ». L'Autriche était, en effet, sur le continent la puissance qu'avait le plus à redouter la France, celle à l'influence de laquelle elle se heurtait sans cesse en Italie. Par sa possession du Milanais, par son voisinage avec la Vénétie et ses alliances de famille, elle était virtuellement maîtresse du nord de la Péninsule, et, comme la France caressait le rêve de la remplacer, il était bon de s'adresser à tous les concours. Naturellement, si, sous une forme ou une autre, Venise consentait à prêter le sien, elle n'aurait pas à le regretter; on l'agrandirait avec les débris du territoire pontifical.

Les provinces du Saint-Siège étaient l'appât dont se servait la Convention pour amener à ses vues les gouvernements italiens. Elle les offrait avec d'autant plus de facilité qu'elles restaient toujours à conquérir. Déjà elle les avait promises à la Toscane et au royaume de Naples. Aujourd'hui le tour des Vénitiens était venu, en attendant qu'un quatrième peuple fût invité à s'en nantir. Dans tous les cas, Noël avait ordre de déclarer que l'Autriche et la Russie étaient les deux plus dangereuses ennemies de la République vénitienne, l'une par ses empiétements continuels sur sa souveraineté, l'autre par ses tendances à attirer sous son sceptre les populations orthodoxes de l'archipel ionien. La France, au contraire, était l'alliée indiquée ; elle assurait Venise de son amitié. Loin d'encourager par de là ses frontières le prosélytisme révolutionnaire, elle s'engageait à respecter la constitution et la liberté des nations qui respecteraient les siennes. Le décret du 13 avril 1793 le proclamait solennellement. Et, pour prouver que ce décret n'était pas une vaine affirmation, Noël était autorisé à priver de sa protection les Français frondeurs qui, sous prétexte de civisme, combattraient les lois et les usages du pays où ils recevaient asile (1).

Ce programme, qu'avait élaboré le Comité de salut public, avait de quoi occuper l'activité de Noël. Que de tact, que d'adresse, que de souplesse lui étaient nécessaires pour le faire aboutir ! Mais il ne put pas même entamer les pourparlers ; car, au moment où il se préparait à déployer son caractère, le Sénat, à son grand étonnement, refusa de le reconnaître. Non que Venise, après avoir résisté aux suggestions de l'Europe, y cédât finalement et rompît avec la France. Elle n'y songeait pas un instant, puisqu'avant l'arrivée de Noël elle avait agréé Jacob en qualité de chargé d'affaires. Elle avait voulu seulement accorder un semblant de satisfaction à la Coalition en n'acceptant pas le nouveau ministre plénipotentiaire de la Convention. C'était peut-être le moyen d'être débarrassée d'obsessions perpétuelles, de calmer les exi-

(1) *Archives Aff. ét.* Fonds Venise, 250.

gences des cabinets qui lui reprochaient sa
condescendance à l'égard de la Révolution et
imputaient à crime son silence officiel sur l'exécution de Louis XVI. D'ailleurs, les Vénitiens se
défendaient auprès de la France de tout mauvais
dessein et expliquaient leur attitude par la force
inéluctable des circonstances, par la difficulté de
garder autrement leur neutralité. A pénétrer le
sens de leur réponse gênée, ils n'auraient eu que
le choix entre les représailles des puissances ou
leur soumission à leurs volontés (1). Par ce refus
Jacob demeurait le seul agent avec lequel cor-
respondît la Sérénissime République. Peu importe
que Noël tînt le plus souvent la plume, elle n'avait
pas à le savoir et connaissait uniquement son
secrétaire. Quant à Hénin, il était parti, mais,

(1) Quant au mémoire de M. Noël, dans les circonstances
actuelles, le système d'impartialité de la République et sa
scrupuleuse exactitude à l'observer sont bien connus. Ces
principes ne pouvant nous permettre aucune altération dans
la forme de la correspondance ministérielle, nous sommes
contraints par les circonstances de nous abstenir de tout
changement dans celle qui subsiste actuellement entre le
chargé d'affaires et notre Gouvernement. Dans la juste confiance enfin que le chargé d'affaires de France appréciera la
convenance de notre conduite et l'appuiera auprès de son
Gouvernement, nous l'assurons avec plaisir de notre considération particulière (27 juillet 1793).

au lieu de rentrer, conformément à ses vœux, dans la carrière militaire, il fut envoyé à Constantinople. Son désir de reprendre l'épée n'allait être exaucé qu'en 1796. Alors il redevint définitivement soldat et figura à son avantage dans la campagne d'Italie, l'expédition de St-Domingue et surtout la guerre d'Autriche de 1809 où, à la bataille de Raab, il se couvrit de gloire.

Réduit à un rôle négatif, Noël n'avait pas du moins la ressource de trouver des distractions du côté de la société. Le vide absolu qui, depuis le drame du 21 janvier, s'était fait autour de la légation française, persistait en tous points. Ce n'était pas à l'époque, où la Terreur régnait en France, qu'on pouvait espérer plus de prévenances de la part des habitants. Cet ostracisme s'étendait à tous les Français suspects de partager les idées révolutionnaires. A la vérité, ils n'étaient guère nombreux, les inquisiteurs ne cessant dans leur méfiance de leur donner la chasse. Récemment encore, ils avaient expulsé deux artistes, Gounod et Le Faivre, anciens pensionnaires de l'Académie de Rome, dont la conduite était pourtant irréprochable, mais il avait suffi qu'ils sortissent d'une école, dont les élèves applaudissaient aux principes de 1789, pour être considérés comme des hommes subversifs.

On s'en prenait même à nos fonctionnaires de passage en Vénétie. C'est ainsi que Belleville et Macarel, consuls de France à Suez et à Sinigaglia, avaient été priés d'abréger leur séjour. Chose plus grave, un certain Isabeau, désigné pour gérer le consulat de Venise et dont le Sénat n'approuvait pas la nomination, avait été invité à se retirer immédiatement, sans doute parce qu'on le confondait avec l'ex-oratorien Ysabeau, qui, dans le procès du roi, avait voté la mort. Pendant ce temps les Vénitiens assez audacieux pour témoigner leurs sympathies à la Révolution étaient jetés en prison. Pareilles rigueurs prouvaient que, malgré leur intention de vivre en bons termes avec la France, les patriciens, qui présidaient aux destinées nationales, étaient résolus à proscrire sévèrement ses maximes. L'égalité, tant prônée par l'Assemblée constituante, leur semblait une abomination ; ils s'en déclaraient les adversaires irréductibles. Plutôt que de perdre leurs privilèges, ils auraient préféré passer sous la domination autrichienne. Toutefois l'Autriche était loin de répondre à leur idéal. Ils n'avaient pour elle qu'un amour modéré, ils souffraient qu'elle prétendît leur imposer sa loi et les obliger à mobiliser. Or la guerre leur inspirait autant d'horreur que les doctrines françaises. A aucun prix ils ne voulaient se risquer a la faire. C'eût été la ruine de ce qui leur restait de commerce. Même en ce moment où la Convention essuyait des revers, où la trahison venait de livrer Toulon aux Anglais (août 1793), ils estimaient qu'ils n'avaient rien à y gagner.

Quand Venise en avait fini avec les plaintes de la chancellerie de Vienne, il lui fallait écouter les doléances de l'Angleterre. Mais, celle-ci, si arrogante à l'égard de la Toscane et de Gênes, employait avec elle un langage doucereux. Son ministre sir Worsley lui reprochait, en ayant l'air de servir ses intérêts, de conserver le résident Jacob, dont la raison d'État exigeait le renvoi. N'était-ce pas par ses soins que la France expédiait de fréquents courriers à Constantinople? N'était-ce pas grâce à lui, qu'elle transmettait à Hénin ces instructions qui tendaient à soulever la Turquie contre les Autrichiens et les Russes, à allumer en un mot une conflagration en Orient dont les Vénitiens sentiraient aussitôt la répercussion au grand détriment de leur indépendance? La légation française n'était donc qu'un foyer d'intrigues, un élément de trouble, et il était urgent, en la supprimant, d'arrêter ses manèges. Mais Venise refusa de se soumettre à des conseils qui, sous leur apparence mielleuse, cachaient le plus insolent arbitraire, et, désireuse de ne se brouiller avec personne, elle décida que Jacob continuerait en toute sécurité et en toute liberté à exercer ses fonctions (1).

En résistant au cabinet britannique, la Sérénissime République avait montré une fois de plus la sincérité de ses sentiments pacifiques, que ni les suggestions de la Coalition, ni les fureurs homicides de la Révolution ne pouvaient ébranler. Certes elle réprouvait les crimes dont le jacobinisme se rendait coupable ; certes l'exécution de Marie-Antoinette, s'ajoutant à celle de Louis XVI, provoquait son indignation. Elle jugeait cependant qu'en dépit de ce régime sanguinaire elle n'avait pas à se départir de sa neutralité. Elle tenait même à empêcher chez elle les attaques à la France. Un prédicateur, qui avait flétri en chaire l'impiété de ses gouvernants, reçut l'ordre de quitter Venise. Plusieurs citadins, assez enclins à se répandre en propos violents contre les Jacobins, furent avisés par les

(1) Botta, *Storia d'Italia dal* 1789 *al* 1814. — Romanin, *Storia di Venezia.*

inquisiteurs d'avoir à se calmer. Attitude absolument conforme à la circonspection de ce gouvernement qui, s'il ne voulait pas tolérer la présence des individus dont les idées lui paraissaient dangereuses, n'entendait pas davantage autoriser les agissements de ceux susceptibles de le compromettre au dehors.

De son côté, la France, même en plein déchaînement de la Terreur, cherchait à demeurer conciliante. Sachant combien Venise avait été circonvenue, elle ne s'était point irritée de son refus de reconnaître Noël. Et, lorsqu'au mois de janvier 1794, elle songea à le remplacer par un autre, il fut bien convenu qu'on ne forcerait pas la main au Sénat et que, si les patriciens le préféraient, cet agent nommé Payan aurait le titre non de ministre plénipotentiaire, mais de simple chargé d'affaires. Qu'elle fût dirigée par des subalternes à la dévotion du Comité de salut public, des hommes comme Deforgues ou Buchot, encore moins au courant que Lebrun de la politique étrangère, notre diplomatie s'efforçait en toute circonstance de défendre les immunités de Pisani. Au sans-gêne des sections, prétendant vendre les charbons ou s'emparer des fusils qui se trouvaient dans l'hôtel de l'envoyé vénitien, elle opposait les lois internationales et la fidélité aux traités. « Quoique cet ambassadeur soit absent, sa maison, disait-elle très justement, et tout ce qu'il y a laissé doit être considéré comme un dépôt. Il ne vous est pas plus permis d'en disposer ou d'en soustraire ce qui pourrait être à votre convenance qu'il ne le serait d'attaquer en mer le vaisseau d'une puissance également amie et de nous en approprier le chargement en tout ou en partie (1). » Elle s'émouvait aussi des fausses allégations de nature à altérer les bons rapports entre les deux républiques. Le département du Vaucluse ayant adressé à la Convention un factum où l'on affirmait que Venise était en guerre avec la France et comparait injurieusement sa conduite à celle de Gênes, Buchot, le commissaire des relations extérieures (il n'y avait plus maintenant de ministres) pria instamment l'Assemblée d'en désavouer les expressions malsonnantes. Le désaveu s'imposait d'autant plus que la Coalition avait déjà commencé à exploiter à son profit cet écrit maladroit, espérant par sa publication semer l'inquiétude et la méfiance au sein de la nation vénitienne.

(1) *Archives Aff. ét.* Fonds Venise, 250.

Ce qui mécontenta surtout les dirigeants français fut le ton comminatoire d'une note de la légation au Sénat. Mais, pour en comprendre les motifs, il importe d'entrer dans quelques détails rétrospectifs. Depuis un certain temps la légation avait à ses gages, à l'exemple d'autres pays, un informateur officieux, toléré, sinon formellement reconnu par le gouvernement de Venise et servant d'intermédiaire entre elle et lui. Les règlements, défendant plus sévèrement que jamais aux patriciens de fréquenter le corps diplomatique, en rendaient l'existence nécessaire, et les autorités y voyaient d'autant moins d'inconvénients qu'elles obtenaient ainsi des renseignements utiles. Seulement elles finirent par trouver que le comte Minelli (c'était le nom de l'informateur) jouait par trop bien son rôle à l'égard de la France, et elles lui enjoignirent de cesser sa collaboration. Minelli obligé d'obéir fut remplacé par un autre de ses compatriotes, le comte Apostoli, lequel, après plusieurs mois d'emploi, fut arrêté un beau jour sur l'ordre des inquisiteurs. Cette fois notre représentant ne put se contenir. Profitant d'anciens griefs qu'il avait sur le cœur, il rédigea une protestation, où, en termes des plus vifs, il se plaignait au Sénat du procédé et le sommait, la menace à la bouche, de s'expliquer franchement sur sa neutralité. Le moment de cette mise en demeure était assez mal choisi. Elle se produisait quand des émigrés accouraient en foule à Venise tout à la vengeance contre leur patrie abandonnée, quand la République jugeant à propos de renforcer les cadres de la *Cernide*, la milice nationale, il aurait été prudent de la rassurer au lieu de lui tenir un langage offensant. A Paris on en voulait à Noël, on lui attribuait toute la responsabilité de la note incriminée. Si Jacob l'avait signée, c'était lui, disait-on, qui l'avait inspirée (1). Coupable ou non, Noël n'avait plus l'heur de plaire. Du reste la Révolution dont il avait tiré profit était en train de prendre une tournure qui allait être fatale à sa nouvelle carrière.

Nommé dans la diplomatie, nous l'avons observé, sous le ministère Dumouriez, il avait été envoyé à Venise sur la recommandation de Danton et y avait emmené, en qualité de secrétaire particulier, le jeune Ricordain, un parent du tribun. Le refus du Sénat de l'agréer avait été une première déception. Il ne s'en crut pas moins le chef de la légation, bien qu'aux yeux

(1) *Archives Aff. ét.*, Fonds Venise, 251.

des Vénitiens son caractère diplomatique n'exis-
tât pas. Situation fausse qui avait déterminé la
Convention à lui désigner un successeur. Mais
celui-ci, Payan, élu peu après membre de la
municipalité parisienne, ne put se mettre en
route, de sorte que Noël eut tout le loisir de
composer force rapports dont le pathos ne laissait pas d'être amusant (1). Soucieux de ses intérêts personnels, il s'empressait d'y glisser, à
côté des aperçus politiques, l'éloge de ses vertus
civiques. « J'ose me regarder, déclarait-il sen-
tencieusement, comme un des hommes qui ont
le plus contribué à répandre les principes de
l'esprit public en France, par la part que j'ai
prise à divers écrits périodiques et qui m'avaient
rendu l'objet spécial de la haine des Tuileries. »

(1) Qu'on en juge par ce passage, qui a trait à l'arrestation de l'ambassadeur Sémonville opérée dans la Valteline
sur l'ordre de l'Autriche. « C'est ainsi que cette odieuse
maison, ce fléau des peuples des deux mondes, en parlant
sans cesse dans ses hypocrites manifestes d'humanité et de
vertu, dément à chaque instant ce langage imposteur par
ses actions. Il lui était réservé de donner l'exemple de la
plus horrible violation des droits des gens dont l'histoire
fasse mention. Il est important que cette cruelle aventure
soit publique, afin que l'Europe frémisse du danger qu'elle
court, si cette hydre meurtrière prend de la prépondérance »
(27 juillet 1796).

Un fonctionnaire si servile aurait dû, semble-t-il, être à l'abri de la disgrâce. Pourtant il n'en fut rien, et quand Danton fut déféré au tribunal révolutionnaire, sous inculpation de complot royaliste, il sut ce qu'il en coûtait d'avoir été son protégé. Dénoncé par Saint-Just à la colère des conventionnels ses collègues, accusé par lui d'être un contre-révolutionnaire, sa révocation fut décidée sur l'heure. Comble d'amertume! il apprit ses malheurs par les rumeurs de la rue et les épigrammes des émigrés. Mais, quelque dépit qu'il éprouvât d'être aussi brutalement sacrifié, c'était pour lui une chance de vivre à l'étranger. Autrement il est bien possible, étant donnée la facilité avec laquelle la guillotine fauchait les têtes, qu'il eût subi le terrible sort de Danton et de ses compagnons d'échafaud.

Cependant la Sérénissime République se préoccupait de certains bruits, concernant des projets de bouleversement, qui lui parvenaient par les voies les plus secrètes. Afin d'être renseignée, en l'absence de Pisani, sur les affaires de France, elle avait installé à Bâle, ville d'observation par excellence, un office d'espionnage, dont la direction avait été confiée au comte San Fermo, agent habile et zélé. Or ce dernier prétendait avoir découvert qu'un aventurier milanais, Gorani, auteur d'un livre violent contre les cours italiennes, était chargé par les Jacobins de révolutionner la Péninsule. Ces indications assez vagues se précisèrent davantage à la suite d'un voyage effectué à Paris par un émissaire balois du nom de Guissendorffer. A l'entendre, le Comité de salut public avait conçu d'immenses desseins sur l'Italie. La chose était authentique, il la tenait de Robespierre et de Couthon avec lesquels il avait dîné. On agiterait les peuples, on tâcherait de les détacher de leurs maîtres au moyen de la ruse et de la séduction, et dans ce but des millions seraient dépensés sans compter (juin 1794) (1). Quelle foi ajouter à ces racontars ? Étaient-ce de vulgaires commérages méritant à peine d'être rapportés ou signalait-on réellement des plans machiavéliques dont il n'était pas permis de douter ? Ou ne se trouvait-on pas plutôt en présence de vaines menaces, jamais suivies d'effet ? Il y avait longtemps que la Révolution parlait de détruire les monarchies européennes. Néanmoins, à part des anathèmes fréquents contre les rois, elle n'avait encore renversé hors

(1) Botta, *Storia d'Italia dal* 1789 *al* 1814. — Romanin, *Storia di Venezia.*

de ses frontières aucune royauté. Dans tous les cas Venise attendrait les événements ; et, si elle remarquait des menées suspectes ou des atteintes à sa souveraineté, elle agirait en conséquence.

Mais les événements se déroulèrent d'une façon plus heureuse qu'elle ne l'avait espéré. L'odieux tyran, qui depuis des mois versait le sang à flots, perdit bientôt le pouvoir et la vie. Du coup elle en oublia les communications de San Fermo et envisagea l'avenir avec plus de confiance. Si la fin de la Terreur ne la réconciliait pas avec les idées révolutionnaires, elle pensait qu'il lui serait plus facile de se rapprocher de la France, de reconnaître à la première occasion un ministre plénipotentiaire envoyé de Paris. Les objections des puissances auxquelles elle avait cédé n'auraient plus de valeur, celles-ci, dans ces derniers temps, ayant constamment essuyé des défaites. La Convention avait brisé les efforts de ses ennemis. Toulon repris, l'invasion repoussée, la Belgique reconquise par la victoire de Fleurus, la tactique de Carnot produisant partout des résultats merveilleux, n'y avait-il pas là de quoi en imposer à la Coalition ? Et n'était-ce pas la preuve que le Sénat avait eu grandement raison de résister aux suggestions de la cour des Deux-

Siciles, qui, au commencement de cette même année, lui avait demandé d'aider à équiper par ses subsides un contingent de 15.000 hommes (1).

Aujourd'hui Venise en aurait été pour ses frais, tandis qu'elle se félicitait de n'avoir point combattu le Gouvernement français. Elle lui était même reconnaissante d'avoir respecté sa neutralité, de s'être abstenu de toute pression à son endroit dans le terrible conflit qui divisait l'Europe et la Révolution. Aussi se départait-elle un peu de sa méfiance à l'égard de nos nationaux attachés au régime républicain. Plus de sang-froid la dirigeait, moins de mesquinerie se montrait dans ses actes. Elle ne craignit pas de protéger contre l'arbitraire de la police le peintre Girodet, dont, en dépit de son jeune âge, la célébrité avait déjà commencé. Le fonctionnaire qui avait ordonné son arrestation fut emprisonné et il se serait indéfiniment morfondu dans son cachot, si Jacob, satisfait de la spontanéité de la répression, n'avait eu la générosité d'intercéder en sa faveur. Les émigrés étaient tout étonnés de ce changement. Si nombreux qu'ils fussent (d'aucuns appelaient la cité des lagunes une

____

(1) *Archives Aff. ét.*, Fonds Venise, 251.

nouvelle Coblentz), ils ne dictaient pas la loi. La
société avait beau les fêter et les choyer, les autorités s'obstinaient à négliger leurs conseils.
Mais, malgré les succès de la France, sa légation manquait totalement de prestige. La cause
en était l'abandon dans lequel étaient laissés ses
membres, qui, ne recevant plus d'argent, avaient
été obligés, pour échapper à la misère, de vendre
jusqu'à leurs meubles. Le trésor leur devait plus
de 48.000 livres. Quelle figure faire dans ces
tristes conditions sinon la moins brillante de
toutes? Ils n'étaient plus qu'un objet de pitié
dédaigneuse ou de cruelles railleries. Par bonheur, l'arrivée de Paris d'un agent diplomatique,
qui apportait les fonds dont ils avaient tant
besoin, vint enfin les tirer de leur détresse
(novembre 1794).

Cet agent n'était autre que le ministre Lallement, nommé en remplacement de Noël. Il dé-
barquait à Venise la joie au cœur, la sérénité
dans l'âme. L'accueil empressé, qu'il avait rencontré partout sur son passage à travers le territoire vénitien, l'avait littéralement enchanté.
C'était l'indice des bonnes dispositions du pouvoir vis-à-vis de sa personne et la certitude
d'un traitement favorable. Il ne fut point trompé;

on l'agréa sur-le-champ. L'échec de l'Angleterre
était complet ; car Worsley s'était furieuse-
ment agité pour empêcher Lallement d'être accrédité, il avait même menacé de prendre congé.
Mais sa brutalité ne lui avait pas mieux réussi
que ses manières doucereuses d'autrefois. Le
Sénat était demeuré sourd à ses objurgations. La
Convention possédait maintenant un ambassadeur auprès de la Sérénissime République ; l'in-
terrègne créé par le départ de Durfort avait cessé.
Que d'événements tragiques s'étaient passés
depuis cette époque ; que de bouleversements
avaient troublé le monde ! Et cependant rien
n'avait pu arracher Venise à sa passivité. Au
milieu de la commotion générale, elle était restée aussi apathique et inerte que si la Révolution n'avait pas existé. Elle n'avait voulu ni
l'attaquer, ni l'invectiver. Tout au plus l'avait-
elle boudée un moment, en refusant de reconnaître Noël, et encore pour obéir aux rancunes
de l'Europe, non pour complaire à ses passions.
Que son système aristocratique subsistât inté-
gralement, que ses nobles conservassent leurs
privilèges et eussent la haute main sur la nation, Venise n'en demandait pas davantage. Dès
l'instant où la France républicaine ne touchait

ni à son indépendance ni à ses droits, elle ne voyait pas pourquoi elle n'entretiendrait pas avec elle les mêmes relations d'amitié qu'avec la monarchie.

CHAPITRE IV

LES RELATIONS AVEC LE DIRECTOIRE
ET LA CAMPAGNE D'ITALIE

I

Caractère de Lallement. — Ses dispositions conciliantes manifestées dans une affaire d'extradition. — Le noble Querini est nommé à l'ambassade de Paris. — Il est reçu à la Convention. — Différences entre la politique extérieure de celle-ci et celle du Directoire. — Venise est invitée à conclure une alliance avec la Porte. — Présence du comte de Lille à Vérone. — Son expulsion à la suite de la demande de la France. — Sa noble attitude. — Le Directoire exige le renvoi du comte d'Antraigues. — Il se plaint du passage accordé aux Autrichiens. — État de l'Italie au moment de la campagne de Bonaparte. — Les victoires françaises. — Consternation des Vénitiens. — Entrevue de Bonaparte et du provéditeur Foscarini. — Fâcheuse impression qu'elle produit en Vénétie. — Le Directoire essaie de rassurer Querini.

Lallement, dont le Sénat venait de recon-

naître sans hésitation le caractère, n'était point
comme Noël un novice dans la diplomatie. Fri-
sant à cette heure la soixantaine, ses débuts
remontaient à trente ans en arrière. L'Italie
avait été son champ d'action, le pays où sa carrière s'était presque entièrement déroulée. Mais
il n'avait guère occupé jusqu'ici que des emplois
effacés. Chancelier à Raguse et à Naples, puis
vice-consul à Messine, il était devenu seulement
consul général en 1792 dans cette même ville de
Naples où il avait déjà servi en sous-ordre. D'ailleurs il ne remplit que quelques mois ces fonctions importantes, la rupture de la cour des
Deux-Siciles avec la Convention l'ayant obligé
de rentrer en France, et il y végétait obscuré-
ment quand le Comité de salut public l'envoya
à Venise. Personnellement c'était un homme
tranquille, sans grande envergure, dépourvu
de talents qui s'imposent, mais dont le jugement sûr et l'esprit conciliant convenaient à
merveille au milieu où il allait évoluer. Son premier soin, dès qu'il fut arrivé, fut de rendre
hommage à la modération du Gouvernement
vénitien, d'expliquer les motifs de sa politique an-
térieure et, tout en constatant que les principes
de la Révolution n'avaient point sa faveur, de

le dire désireux de ne nous contrarier en rien (1).

Pour commencer il eut à traiter une affaire d'extradition où, tant de son côté que de celui de la Sérénissime République, se montra l'intention d'éviter les complications résultant de l'application trop stricte de la légalité. Un fonctionnaire de l'armée d'Italie, préposé à l'administration des vivres, s'était, en emportant la caisse, réfugié avec ses complices à Venise. Arrêté à la requête des autorités françaises, Lallement se disposait à le faire extrader quand le Sénat dé-

(1) Je pense fermement que les circonstances seules l'ont déterminé [le gouvernement de Venise] lorsqu'il a pu nous déplaire, et l'ont quelquefois porté à des démarches ostensibles qu'il désavouait intérieurement... De là le refus de recevoir le citoyen Noël sous prétexte de formes; de là quelques actes de sévérité exercés contre les Français, du caractère desquels ils prétendent avoir eu des relations désavantageuses. Mais au fond leurs magistrats dans l'exercice interne de leurs fonctions nous ont montré des ménagements. Les ordres hors de la capitale étaient de nous favoriser tacitement et sans bruit, et nous pouvons croire qu'ils n'ont jamais oublié que leurs intérêts étaient intimement attachés à la bonne harmonie entre eux et nous, et que, si les principes de notre révolution contrariaient ceux de leur gouvernement, les deux nations ne devaient jamais pour cela se désunir, puisque tôt, ou tard, la France reprenant sa puissance et son crédit politique, ils pouvaient toujours compter sur sa protection pour la garantir de l'ambition du cabinet de Vienne et de la cupidité des Anglais (30 novembre 1794). *Archives Aff. ét.*, Fonds Venise, 251.

clara que, s'il était possible, il valait mieux renoncer à cette démarche et chercher un moyen plus efficace de satisfaire la France. L'argument invoqué était ou le refus probable des capitaines de bâtiments étrangers de recevoir à leur bord le délinquant (aucun navire, battant pavillon tricolore, ne croisant en raison de la guerre dans les parages de l'Adriatique) ou l'impossibilité, si on le transportait par terre, de fournir une escorte de police hors du territoire national. Aussi était-il préférable, comme le coupable était encore en possession des sommes qu'il avait soustraites, de le contraindre à une restitution, quitte à le relâcher ensuite. Les difficultés actuelles et la chance inespérée de retrouver des fonds, supposés à jamais envolés, justifiaient cette entorse à la loi. Lallement ne s'y opposait pas. Il fut approuvé par la Convention qui tenait beaucoup plus à son argent qu'à la punition du voleur. Et, la question une fois tranchée, il n'y eut plus qu'à suivre les voies indiquées.

Si cet incident avait permis à Venise d'apprécier les généreux efforts de Lallement en vue d'une solution amiable, il lui avait révélé les inconvénients de ne pas posséder d'agent diplo-

matique à Paris. Que les choses eussent été sim-
plifiées si Pisani avait été à son poste! Mais
depuis le 10 août il n'avait pas reparu, bien qu'il
fût toujours le titulaire de l'ambassade. En vérité
son absence se prolongeait par trop; il était
temps d'y mettre un terme ou, si on ne jugeait
pas à propos de le réinstaller, de lui nommer un
successeur. Seulement les Vénitiens n'aimaient
guère innover et, comme aucune puissance n'était
représentée en France, ils retardaient indéfiniment un acte nécessaire. Ce n'est qu'au printemps de 1795, quand le grand duc de Toscane,
réconcilié avec la République française, eut accrédité auprès d'elle un ministre, qu'ils se décidèrent à l'imiter. Ils choisirent pour cette mission délicate le patricien Alvise Querini, chez
qui la largeur d'idées et la souplesse de caractère s'unissaient au patriotisme le plus ardent.
Loin de céder à la morgue de certains de sa
caste, Querini était simple et avenant; loin de
professer un dédain ridicule pour tout ce qui ne
portait pas une étiquette nobiliaire, il était très
curieux de connaître ces farouches Jacobins
qu'on lui dépeignait sous les couleurs les plus
noires. Cependant la conscience des responsabilités de sa nouvelle charge l'avait fait hésiter un

instant à quitter sa chère Vénétie. Il semblait regretter dans sa modestie que le Sénat n'eût pas désigné un sujet plus capable et plus expérimenté. Mais il s'était bientôt ressaisi et lui, dont la foi était profonde, fut agréablement surpris, en arrivant à Strasbourg, de l'empressement de la population à fréquenter les églises. Après la persécution effroyable dont la religion avait eu à souffrir et l'établissement du décadi, il ne s'attendait pas à cela et croyait que le dimanche n'était plus observé par les Français (1).

La capitale réservait à Querini un spectacle d'un autre genre, celui d'une séance solennelle de la Convention réunie en l'honneur de la remise de ses lettres de créance. Harangué par le président Larevellière-Lepeaux il vit, lorsqu'il lui répondit, l'assemblée suspendue à ses lèvres,

(1) Nella singolare posizione di tutte le cose in Francia si sarebbe resa necessaria all'esecuzione delle prudenti pubbliche massime l'opera di un cittadino che dalla natura do tato fosse di maggior capacita ed avvedutezza, e dallo studio e dall'osservazione si avesse procurata una più consumata esperienza... *Il concorso alle chiese è sorprendente*, e dimostra ch'è difficile lo sradicar nell'uomo quel principio che con se porta dalla nascita, e che dall'educazione vien confermato e diretto. Da tutte due le religioni (la cattolica e la protestante) si santifica la domenica come innanzi, e la decadei ridotto giorno di lavoro (*Archivio veneto*).

puis fut invité à s'asseoir à ses côtés et resta jusqu'à la fin l'objet de l'attention générale. Les
discours prononcés devant cet auditoire furent
naturellement un échange de compliments bien
sentis sur les avantages réciproques des deux
républiques. Un seigneur d'ancien régime n'aurait pas célébré avec plus d'enthousiasme les
mérites du gouvernement aristocratique de Venise que le chef de la secte des théophilanthropes,
comme un démagogue forcené n'aurait pu dé-
passer en dithyrambes sur la France républicaine le noble de la cité des doges. La politique
veut de ces flatteries hypocrites. A écouter ces
deux hommes, on aurait juré qu'ils fraternisaient
complètement dans une communauté de sentiments et d'idéal, tandis qu'en réalité leurs opinions étaient aux antipodes. Sans s'illusionner
sur la valeur des éloges décernés à son pays,
Querini du moins fut à même de constater qu'il
sortait de la bouche des révolutionnaires, à
l'adresse des pouvoirs étrangers, autre chose que
des menaces et que, le cas échéant, ils savaient
les couvrir de fleurs. Plût à Dieu pour Venise et
son représentant que les dispositions bienveil-
lantes de la Convention à l'égard des nations,
respectueuses de sa souveraineté, eussent conti-

nué à prévaloir sous le Directoire qui la remplaça (27 octobre 1795). Mais celui-ci poursuivant, à son exemple, à l'intérieur le système de compression violente, ne s'inspira pas de sa conduite dans son action extérieure.

Quoi qu'on en ait dit, la Convention ne fut en effet jamais conquérante, si par là on entend un parti pris de s'agrandir sans cesse, d'étendre toujours son territoire au mépris de l'équité et des droits des autres. Les frontières naturelles réclamées à Bâle par ses plénipotentiaires furent non un abus de la victoire, mais la récompense légitime de ses sacrifices dans une lutte qu'elle avait été contrainte de subir. Peu importe qu'après l'exécution de Louis XVI elle ait déclaré la première la guerre à l'Angleterre et à l'Espagne; elle ne fit que prévenir les hostilités certaines de la coalition altérée de vengeance. A ce moment, rien n'aurait désarmé l'Europe qui avait vu un défi dans le supplice du dernier souverain des Français. Aussi fallait-il se défendre à tout prix. Mais la Convention ne songeait point à attaquer les pays qui ne la provoquaient pas, ni à substituer partout la république à la monarchie. Sans doute, au début de son existence, elle vilipenda les rois; elle engagea les peuples à se révolter contre

eux, les assurant de ses sympathies et leur promettant son appui. Seulement elle s'en tint à
cette phraséologie creuse et redondante ; ses
appels aux sujets turbulents du dehors ne furent
que de vaines paroles. Elle se garda bien de
s'immiscer dans les constitutions ou de machi-
ner le renversement des trônes, et même elle en
arriva peu à peu à parler le langage du bon sens
et de la raison. A mesure que les puissances européennes se montraient disposées à la reconnaître, elle abandonnait ses sorties oratoires.
Elle leur affirmait qu'elles n'avaient rien à craindre de ses principes, qu'elles étaient libres de se
régir à leur guise ; qu'aucune démarche, aucune
intervention arbitraire ne viendrait troubler le
jeu de leurs institutions et qu'elles pouvaient
compter sur son amitié, si elles cessaient de lui
contester le droit d'être maîtresse de ses affaires
intérieures. Le Directoire, au contraire, ne rêva
que conquêtes et annexions. La guerre lui fut un
expédient pour remplir ses caisses vides et enrichir ses créatures. Ses exigences étaient inouïes.
A l'en croire, une partie de l'Europe aurait dû se
courber devant lui ; il n'avait cure de son indépendance. Nul gouvernement ne fit plus de pro-
pagande révolutionnaire ; nul ne prétendit davan-

tage imposer ses idées et ses lois. Il s'ingérait à chaque instant dans l'organisation des états, importunant leurs monarques de ses conseils maladroits et ne leur permettant pas même d'appliquer les pénalités en vigueur. Il n'y avait pas de traité de paix où il ne voulût forcer les princes à souscrire à l'amnistie de leurs nationaux rebelles. Les mécontents et les déclassés de tout acabit, comme il en existe dans toute contrée, étaient certains d'obtenir sa protection. Il s'en servait pour combattre les autorités établies et, si celles-ci s'apprêtaient à sévir, de suite il criait à l'injustice. Il n'admettait pas qu'on repoussât ses ouvertures; toute nation qui refusait d'accepter son alliance ou d'introduire des réformes était une ennemie du progrès qu'on devait châtier au plus vite. Aucune ne vit son joug s'appesantir plus durement sur elle que l'Italie. En peu d'années, le Directoire parvint à la dominer tout entière, et la liberté qu'il s'était vanté de lui apporter ne fut qu'un odieux despotisme, contre lequel en 1799 les populations s'empressèrent de se soulever en masse.

Venise ne tarda pas à s'apercevoir, au détriment de sa tranquillité, du changement qui s'était opéré en France. Deux mois à peine après son entrée en fonctions, le Directoire projeta de lui demander de conclure avec la Porte un traité offensif et défensif, dont il déterminerait les conditions (1). On supposait que les Russes allaient attaquer de nouveau l'empire ottoman et que Venise, ayant tout à redouter pour son commerce de leurs victoires, avait un intérêt majeur à joindre ses forces à celles des Turcs, pour empêcher le triomphe des armées moscovites. Au fond, le Directoire se souciait très peu des pertes commerciales qu'aurait à éprouver Venise; il ne savait même pas si la Russie et le Sultan reprendraient la lutte entre eux et tout ce qu'il en disait n'était qu'un moyen de s'attacher la Sérénissime République en vue de ses desseins personnels. Car dans ce projet il s'agissait autant de lui-même que de la Porte. S'il en était autrement, pourquoi évoquer le spectre de l'Autriche, pourquoi parler toujours de son influence en Italie? N'était-ce pas que les directeurs, inquiets de la résistance de l'empereur et à la veille de déchaîner la guerre dans la Péninsule, voulaient susciter un adversaire de plus à ce dernier en décidant Venise à sortir de cette neutralité

----

(1) *Archives Aff. ét.*, Fonds Venise, 252.

qui commençait à les indisposer? Il n'était du reste pas facile, si l'on tenait à ce que le secret ne transpirât pas, de conduire à bonne fin une semblable négociation, les ambassadeurs à Venise ne pouvant jamais lier conversation avec les membres du gouvernement et étant obligés de s'adresser par écrit au Sénat. Or suppose-t-on une note sur une pareille question, lue devant une assemblée nombreuse, sans donner lieu à des indiscrétions? Lallement ne dissimulait pas que cette voie lui était interdite, il ne dissimulait pas non plus la répugnance de Venise à renoncer à son système, surtout quand les Français se trouvaient encore loin et qu'elle désirait ne pas s'exposer à l'hostilité de l'Autriche qui bordait ses États. Dans tous les cas il déclarait que des pourparlers de ce genre devaient s'engager à Constantinople entre le Divan, l'ambassade de France et le ministre vénitien, et qu'il était né-cessaire d'avertir Querini de ne communiquer sur ce sujet qu'avec les inquisiteurs. Sages con-seils prouvant la modération de Lallement appli-qué à ne rien brusquer, et dont il aurait dû s'ins-pirer en ce qui regardait la présence du comte de Provence sur le territoire de Venise. Mais les rancunes d'un homme, que son origine modeste avait laissé confiné sous la monarchie dans des emplois inférieurs, n'étaient pas fâchées de se satisfaire contre le descendant d'une lignée de rois, aujourd'hui prétendant à la couronne.

Depuis qu'il avait quitté sa patrie, le *ci-devant Monsieur* (ainsi le qualifiaient les révolutionnaires) n'avait cessé de mener une existence tourmentée, à laquelle aucun déboire n'avait été épargné. Arrivé à Bruxelles le jour même où son frère était arrêté à Varennes, il s'était constamment refusé à obéir aux décrets sur l'émigration. Ni les prières de Louis XVI, ni les sommations de la Législative, ni la mesure le privant de ses droits à la régence n'avaient eu raison de son obstination. Dès cette époque, il avait intrigué avec les princes et les cabinets étrangers pour les déterminer à intervenir contre la Révolution. Si après le 10 août il était revenu en France, c'était derrière les Prussiens qui avaient passé la frontière et non par obéissance aux lois. La canonnade de Valmy ayant ruiné ses espérances d'une restauration monarchique, il avait aussitôt rebroussé chemin pour se réfugier à Turin auprès de son beau-père Victor-Amédée. Il y demeura tant qu'il se sentit en sûreté, mais les victoires des Français sur les Alpes et leur entrée en Ligurie

le forcèrent à fuir une capitale qui était menacée, et il se retira à Vérone où il vivait à l'écart,
sous le nom de comte de Lille, entouré de
quelques fidèles unis à lui par une même infor-
tune. C'est là qu'il apprit la mort de Louis XVII
(10 juin 1795), qui le rendait le chef de la
maison de Bourbon. Il s'empressa à cette nouvelle de revendiquer le trône ; mais, désireux de
ne pas compromettre les patriciens de Venise,
il eut soin de faire imprimer au dehors le manifeste rédigé à cette occasion (1). Son train de vie
et son attitude ne furent d'ailleurs nullement
changés. S'il recevait de temps à autre les hommages des ministres d'Angleterre et d'Espagne
et était visité par un certain nombre de ses
compatriotes, il s'abstenait scrupuleusement de
donner de l'éclat à ces démarches de pure déférence. Mais Lallement ne pouvait souffrir le traitement distingué dont était l'objet celui qu'il
appelait dédaigneusement le « personnage de
Vérone ». Il en parlait à chaque instant dans sa
correspondance (2), disant les Vénitiens impor-

---

(1) Botta, *Storia d'Italia dal* 1789 *al* 1814.

(2) Le nouveau roi de France *in partibus*, qui se fait appeler
aujourd'hui le comte de Lille, malgré les hommages que
viennent journellement lui rendre les émigrés de l'Italie et

tunés de sa présence, cherchant à pénétrer l'identité d'une femme dont il avait intercepté des lettres à son adresse et dépité d'entendre affirmer que l'impératrice de Russie allait le reconnaître comme le souverain légitime. Aussi finit-il par se plaindre au Sénat de la liberté laissée au comte de Provence, s'étonnant « qu'un pré-

de la Suisse, malgré les flatteries ridicules dont ils l'entourent, n'est, dit-on, pas content de son séjour à Vérone où il est abandonné entièrement à lui-même et à ses lâches courtisans. Il voulait y prendre une maison plus spacieuse où il aurait pu loger une cour plus nombreuse, ses secrétaires d'État et les grands officiers qu'il a nommés. Mais le podestat l'a engagé à garder la sienne, et d'une manière à lui faire connaître qu'on ne verrait pas ce changement avec plaisir. Aussi l'on assure qu'il pense sérieusement à quitter sa retraite. Il vient de faire un voyage à Mantoue et il va se décider entre cette ville et Trente dans le Tyrol. Les Vénitiens paraissent impatients de lui voir prendre un parti. Il n'emportera certainement ni les regrets ni l'estime des habitants de Vérone (19 juillet 1795). Le personnage femelle dont je vous ai entretenu... ne peut être la fille de celui qu'elle appelle son père : ce sont des noms de guerre. J'ai fait une course à Padoue dans l'intention de la connaître personnellement et j'ai réussi. C'est une femme d'environ 30 ans, fille de lord Hervey, ci-devant ministre anglais à Florence. Elle a été mariée à mylord Daere, Irlandais, s'est séparée de son mari, a vécu avec le gros Capet et se tient aujourd'hui dans son voisinage pour ne pas courir après sa pension. Elle est au reste fort riche en diamants, très ridicule dans son accoutrement et fort peu considérée à Padoue (26 octobre 1795). *Archives Aff. ét.*, Fonds Venise, 252.

tendu roi de France, à qui il n'aurait dû accorder qu'un asile précaire dans quelque coin reculé des États de la République, habite une de ses principales villes frontières, y tienne sa cour, y distribue des grades et des distinctions militaires, y accueille des ambassadeurs et rassemble autour de lui une armée d'émigrés. »

La protestation de Lallement, qui dans cette circonstance avait agi de sa propre initiative, ne manqua pas d'être exploitée par le Directoire. Il y vit un moyen d'assouvir sa vieille haine de la royauté et chargea immédiatement Delacroix de réclamer par le canal de Querini l'expulsion du frère de Louis XVI. A la vérité, le ministre des Affaires étrangères, qui ne devait son élévation qu'à son vote régicide dans le procès du roi, était tout indiqué pour remplir une mission de ce genre, et on pouvait être certain que, si le diplomate vénitien soulevait des objections, il n'hésiterait pas à le traiter avec son arrogance coutumière. Car ce politicien borné était volontiers impertinent, tellement il s'imaginait dans son insuffisance qu'en diplomatie un ton cassant et des manières brutales constituaient le premier des talents. Au lieu de modérer l'arbitraire des Directeurs, il s'en faisait l'humble instrument.

N'avait-il pas remis ses passeports à Carletti, le représentant du grand-duc de Toscane, auquel on reprochait d'avoir demandé à saluer Madame Royale à sa sortie du Temple ? Qui l'aurait cru ? cet acte de simple courtoisie avait été assimilé à une insulte à la République une et indivisible. Assurément Carletti avait eu le tort de ne pas se conformer aux instructions de son Gouvernement, qui, par crainte de froisser les susceptibilités révolutionnaires, lui avait interdit cette démarche. Mais après tout il avait obéi à un noble sentiment, ayant à cœur de témoigner ses sympathies à la fille de Marie-Antoinette, à l'heure où elle terminait une dure captivité de trois années, et de ne pas être accusé d'incorrection par ceux des Florentins qui incriminaient son libéralisme.

« Tolérer plus longtemps Louis-Stanislas-Xavier dans l'état qu'il affecte, ce serait méconnaître la République française », avait déclaré Delacroix dans la note écrite à Querini, le 13 mars 1796, d'ordre du Directoire. Ce langage était significatif, il n'était autre qu'un véritable ultimatum adressé à Venise. Si faible que fût celle-ci, elle aurait dû résister. Il est, en effet, des capitulations auxquelles, sous peine de se couvrir de honte, une nation ne saurait souscrire. Si encore sa soumission parvenait à désarmer son adversaire ! mais il n'en est rien. Plus elle consent à subir des humiliations déshonorantes, plus ce dernier augmente ses exigences, jusqu'au jour, où, de vexations en vexations, il se décide à envahir son sol et à la démembrer. Or, l'hospitalité, dont jouissait à Vérone le prétendant, ne pouvait lui être retirée que s'il en abusait, et ce n'était pas le cas. Sa conduite était toute différente de celle qu'il avait tenue dans les pays en guerre avec la France. Conscient des devoirs que lui imposait la neutralité vénitienne, il ne conspirait pas et évitait d'attirer l'attention. Sa vie était calme et tranquille; il ne déployait pas même ce luxe princier dont était susceptible de s'offusquer la jalousie des Jacobins. Aussi Venise n'avait-elle qu'à opposer à la sommation insolente du Directoire son droit absolu de souveraineté, en insistant sur l'attitude correcte du comte de Lille. Ou cette réponse aurait donné à réfléchir aux républicains français, ou, exaspérés de ce refus, ils auraient menacé d'employer la violence. Et alors Venise, sollicitée depuis des mois d'entrer dans l'alliance de l'Autriche, avait la ressource de s'appuyer sur elle pour défendre son honneur. Mais les patriciens dégénérés, qui gouvernaient la Sérénissime République, ne redoutaient rien tant que les résolutions énergiques. L'idée seule d'affronter les colères du Directoire les jetait dans un trouble indicible et, craignant d'être malmenés, ils se hâtèrent de céder à ses injonctions.

Quand le comte de Lille reçut dans sa retraite de Vérone l'avis de quitter la Vénétie, il en éprouva plus de tristesse que d'indignation. Décidément la force prévalait à son endroit. Sans souci de ses malheurs, sans égard pour son rang, on le chassait brutalement. Il avait suffi que les révolutionnaires de Paris eussent élevé la voix pour que le Sénat apeuré se pliât à leurs volontés. Mais le prince ne songea pas à récriminer contre la mesure injuste qui le frappait ; il avait trop de dignité pour cela. Son unique vengeance consista à rappeler les Vénitiens au respect d'eux-mêmes non par de vaines protestations, mais par un acte bien digne du sang qui coulait dans ses veines. Se souvenant qu'autrefois le roi Henri III avait été admis à la noblesse vénitienne et que son ancêtre Henri IV avait fait don d'une armure à la République, il demanda qu'avant de partir on rayât du livre d'or le décret conférant le patriciat au dernier des Valois et qu'on lui restituât le cadeau du vainqueur d'Ivry. Fière leçon à laquelle le Sénat se garda bien de répondre, prouvant par son silence la conscience qu'il avait de sa pusillanimité.

Ce qui était à prévoir ne tarda pas à se produire. Si facilement obéi, le Directoire exigea davantage. Après l'expulsion de l'héritier présomptif, il réclama celle du comte d'Antraigues, un des émigrés les plus remuants, et qui avait été faire sa cour à Vérone. Mais cette fois il se heurta à une fin de non-recevoir. Non que Venise, regrettant ses complaisances, se fût tout à coup ressaisie. Elle n'avait pas tant d'audace. Seulement il lui était impossible de satisfaire la France sans se brouiller avec le cabinet de Saint-Pétersbourg ; car d'Antraigues venait d'être attaché à la légation de Russie et jouissait en cette qualité des immunités diplomatiques. Le Directoire eut beau objecter que la nomination de d'Antraigues avait été décidée par le désir de le soustraire à ses poursuites, le Sénat ne se laissa pas ébranler. La prétention du Gouvernement français était d'ailleurs insoutenable et ne pouvait provenir ou que de l'ignorance totale du droit des gens ou que d'une tyrannie qui se croyait tout permis.

Par contre, le Directoire était assez fondé à se plaindre des facilités de passage accordées aux Autrichiens sur le territoire vénitien. Qu'importe si jusqu'ici la France avait toléré la chose. Une tolérance n'est pas une approbation, un acquiescement formel, et il est toujours loisible à une nation de protester contre un abus au sujet duquel elle a longtemps fermé les yeux. D'abord aucune convention publique, aucun pacte écrit n'avait concédé cette autorisation. Elle ne résultait que d'une entente tacite sans valeur internationale et essentiellement contestable en principe pour les puissances qui avaient à en souffrir. En second lieu le moment était arrivé où la France allait essayer d'atteindre les Impériaux en Italie, il ne lui convenait donc pas que ceux-ci envoyassent à chaque instant des renforts à travers les provinces d'un État neutre. Et c'est précisément parce qu'elle s'apercevait maintenant d'une inégalité qui ne lui nuisait guère pendant la Convention (les hostilités se poursuivant généralement en Allemagne ou dans les Pays-Bas) qu'elle en avertissait la Sérénissime République. De son côté, l'Autriche était pressante. Non contente de se servir pour ses troupes de la route habituelle, elle voulait encore utiliser les voies de communication du Frioul. Mais, en dépit de sa faiblesse, Venise eut le courage et la loyauté de repousser la demande de l'empereur, et il fallut que les généraux autrichiens s'en tinssent stric-tement au chemin ordinaire.

II

Lorsque s'ouvrit, au mois d'avril 1796, la campagne célèbre qui devait illustrer à jamais le
nom de Bonaparte, la situation de la Péninsule
était celle d'une contrée où la maison de
Vienne excerçait une influence à peu près sans
partage. Le Milanais lui appartenait. Le Piémont
et le royaume des Deux-Siciles guerroyaient
avec elle. Parme et Modène obéissaient plus ou
moins à sa loi. La Toscane constituait en quelque sorte un fief impérial. Si elle s'était réconciliée avec la révolution, elle pouvait difficilement,
gouvernée qu'elle était par un frère de François II, abdiquer ses préférences pour le saint-
empire. Quant au pape, sans être aussi étroitement lié avec les Habsbourg, ses sympathies et
ses intérêts l'inclinaient vers eux : ses sympathies, parce que l'Autriche était sur le continent
l'adversaire irréductible de la France révolu-

tionnaire, qui avait persécuté violemment le catholicisme — ses intérêts, parce qu'il voyait en elle le meilleur rempart contre une attaque par les Français de l'État pontifical. Il n'y avait guère que la République de Venise à ne pas attendre en Italie le salut de la puissance allemande. La neutralité continuait à être la base de sa politique ; elle en espérait le maintien de son indépendance et de son régime aristocratique, persuadée que, si elle ne provoquait personne, personne non plus n'aurait l'idée de lui chercher querelle. Mais cette confiance devait lui être fatale. Elle oubliait par trop qu'en présence de certains événements il est une inaction dangereuse à conserver et que le moyen vraiment efficace de défendre son existence, réside, à défaut d'une force armée suffisante, dans une alliance avec une grande nation. Or l'époque approchait où elle n'aurait d'autre alternative que ce recours à l'étranger ou la ruine inévitable. Malgré elle, son territoire allait être occupé et devenir le théâtre des opérations militaires ; malgré elle, il lui faudrait subir les exigences des belligérants. Et ceux-ci, désespérant chacun pour leur compte de l'amener à embrasser leur parti, finiraient par opérer leur réconciliation sur son dos. Les avantages qu'elle offrait aux combinaisons des diplomates étaient trop importants pour qu'ils résistassent à la tentation d'en tirer profit. A la dernière heure, après des pourparlers interminables, quand la paix semblerait ne pouvoir se conclure, la destruction de Venise serait la suprême ressource. Bonaparte la sacrifierait entièrement à l'ambition de l'Autriche, qui ne demanderait rien moins qu'un tel gage pour consentir aux cessions voulues par la France. Mais, avant de parler en maître dans les conseils de l'Europe, Bonaparte avait besoin de victoires : aussi était-il en train de les remporter éclatantes.

En quinze jours, le jeune général avait réussi à séparer les Autrichiens des Piémontais. Ni la supériorité numérique de ses ennemis, ni la détresse matérielle de ses soldats, ni les obstacles que lui opposait la nature, ne l'avaient empêché de triompher. Il avait eu raison de tout. Montenotte, Millesimo, Dego, Mondovi avaient été autant d'exploits glorieux, inscrits sur ses drapeaux. Partout, où lui et ses lieutenants s'étaient montrés, ils avaient brisé la résistance des bataillons coalisés. Désormais, un stratège d'une habileté incomparable se révélait au monde.

Hier encore inconnu, son nom était aujourd'hui dans toutes les bouches. Colli et Beaulieu, les commandants des armées adverses, pouvaient dire, pour les avoir essuyés, quels rudes coups il avait su frapper sur son passage.

Effrayé de ses défaites, le roi de Sardaigne ne songe plus à poursuivre une lutte si inégale. Il s'abouche avec le vainqueur et signe un armistice, bientôt suivi d'un traité. Mais, les Piémontais écrasés, restait à chasser les Autrichiens de l'Italie : entreprise beaucoup plus ardue et dont la réalisation exigera de Bonaparte, en dépit de son génie, une année de persévérants efforts. Quoi qu'il en soit, il ne perd pas un instant dans l'offensive. Marchant sur les derrières de Beaulieu considérablement affaibli par la défection du Piémont, il franchit le Pô à Plaisance (7 mai), s'empare du pont de Lodi sur l'Adda (10 mai) et entre en triomphateur à Milan, abandonné de son archiduc. Il y est reçu non en conquérant que l'on redoute, mais en libérateur dont l'arrivée semble un heureux présage. Les cris d'allégresse retentissent de toutes parts; la joie se lit sur les visages; on ne cesse de l'acclamer et de l'applaudir. C'est que la population comptait fermement sur sa protection pour l'arracher au joug de l'Autriche et lui accorder la liberté.

Ces événements aussi précipités qu'inattendus avaient plongé la République de Venise dans la consternation. Bonaparte à ses portes, n'était-ce pas l'invasion menaçante avec son cortège de maux ; n'était-ce pas la révolution qui allait renverser son gouvernement séculaire et détruire la religion chère à la nation? Depuis qu'ils avaient fait table rase des institutions du passé, les Français n'apparaissaient plus aux Vénitiens que comme des fauteurs d'impiété dont ils se détournaient avec horreur. Les sympathies, qui autrefois allaient nombreuses à eux, s'étaient changées chez le peuple en une haine profonde. Cette haine, néanmoins, était contenue ; elle n'éclatait pas, comme en d'autres pays d'Italie, en démonstrations bruyantes et se contentait de couver sourdement dans les cœurs. Les gouvernants prudents et avisés n'auraient pas toléré qu'il en fût autrement : toute manifestation, de nature à engager leur responsabilité, aurait été sévèrement réprimée. Eux-mêmes, en patriciens attachés jalousement à leurs privilèges, détestaient les principes révolutionnaires. Cependant le sentiment qui les dominait était plutôt la méfiance à l'égard des idées jugées subversives que l'aversion des hommes appliqués à les propager. D'où les rigueurs des inquisiteurs contre les Français suspects, dont ils connaissaient la parfaite honorabilité. Ils se défiaient également de l'Autriche, des obsessions de laquelle au sujet d'une alliance ils avaient dû plus d'une fois se défendre. En somme, la Sérénissime République présentait le spectacle singulier d'un État, que sa propre faiblesse et son entêtement aveugle à ne pas vouloir y remédier rendaient ombrageux au possible. Il en résultait une politique faussée, qui trahissait une méconnaissance absolue de ses intérêts et l'ignorance des circonstances actuelles. Continuellement elle croyait à un péril imaginaire, à des complots inexistants. Pour les conjurer, elle expulsait quelque individu bien obscur dont elle n'avait rien à craindre, tandis qu'elle se refusait à voir le danger réel, celui de persister dans un système qui l'affaiblissait tous les jours. Vainement à l'heure critique protesterait-elle de ses intentions pacifiques, on ne l'écouterait pas ; sa neutralité ne serait respectée qu'autant qu'elle serait en mesure d'en imposer l'observation. Se figure-t-on des armées formidables, telles que les armées françaises et impériales qui luttaient en ce moment avec l'énergie du désespoir, arrêtées sur la frontière par les grands mots de droit des gens et de fidélité aux traités ! Ce serait un langage difficile à comprendre de qui ne connaît que la violence. Si Venise n'avait pas la force nécessaire pour appuyer sa protestation, les belligérants mépriseraient ses avis et n'hésiteraient pas à s'avancer sur un territoire qui convenait admirablement à leurs évolutions stratégiques. Bien mieux. Avant même qu'elle eût parlé, elle serait envahie et coûte que coûte il lui faudrait se résigner à son sort.

Pendant que Bonaparte était l'objet de l'adulation des Milanais, les Autrichiens passaient l'Oglio et se répandaient sur les terres de Venise. Aussitôt, le jeune capitaine de riposter à cette occupation en établissant son quartier général à Brescia (27 mai). Là, il se fortifie et ordonne à Kilmaine de se rendre à Desenzano, de façon à laisser supposer à l'ennemi qu'il voulait le tourner par le haut du lac de Garde. Mais, après cette feinte, il marche avec toutes ses divisions sur Borghetto où il avait décidé de franchir le Mincio. Il savait par les espions, qu'il avait chargé Lallement de recruter (1), que c'était en cet en-

(1) Je vous envoie 6.000 livres pour servir aux dépenses des espions que vous enverrez. Il est utile que tous les

droit où il avait le plus de chances de réussir et qu'en possession de ce point il ne manquerait pas de déloger Beaulieu de Peschiera, dont ce dernier s'était emparé par ruse. Ses calculs ne furent pas trompés. Le 3o mai, à la suite d'un combat acharné, il battait les Impériaux sur le Mincio, puis les chassait de Peschiera et les obligeait à fuir par le Tyrol. Quant à ceux qui s'étaient jetés dans Mantoue pour secourir cette place, la plus forte de l'Italie, ils sont étroitement bloqués. C'en était fini de la neutralité vénitienne, elle n'était plus qu'un mot vide de sens. Mais, à la veille de la violer, Bonaparte avait eu soin de publier un manifeste dans lequel il se défendait de toute agression criminelle. Les Vénitiens n'avaient pas à s'inquiéter de ses mouvements militaires, puisqu'une « longue amitié unissait les deux républiques ; la religion, le gouvernement, les usages, les propriétés seraient respectés » (1). Il ne s'agissait, à l'entendre, que de poursuivre les débris de l'armée de Beaulieu.

jours j'aie de vos nouvelles. Envoyez des espions à Trente, à Mantoue et sur la route du Tyrol (Bonaparte à Lallement, 17 mai 1796).

(1) Correspondance de Napoléon Ier.

Mais, en dépit de ces solennelles affirmations, le Sénat n'était pas rassuré. Il le fut bien moins encore, lorsque le provéditeur de terre ferme Foscarini, envoyé de Vérone auprès de Bonaparte au lendemain de son entrée à Peschiera, eut recueilli de sa bouche des propos menaçants. Bonaparte, en effet, se plaignit vivement de la partialité des Vénitiens pour l'Autriche. Et, comme son interlocuteur paraissait assez décontenancé, il imagina de jouer, afin de le subjuguer entièrement, une de ces scènes à grand fracas qu'il devait renouveler plus d'une fois au cours de son étonnante carrière. *Commediante et tragediante*, non seulement il reprocha aux oligarques de Venise de n'avoir pas résisté à Beaulieu, d'être cause qu'il avait perdu 1.500 de ses soldats dont le sang réclamait vengeance, mais il incrimina toute leur politique depuis le commencement de la Révolution. Ils regrettaient la royauté déchue, ils protégeaient les émigrés, ils avaient accordé un asile au comte de Lille. Autant de griefs qui n'avaient rien à voir avec les événements actuels et prouvaient simplement que Bonaparte se servait de tous les prétextes pour chercher querelle à un pays auquel il voulait imposer sa loi. Son indignation manquait de sincérité, elle était toute de commande et même, en ce qui concernait la prise de Peschiera par les Impériaux, elle tombait à faux. Les Vénitiens n'étaient point coupables ; ils avaient été abusés. Bonaparte l'ignorait si peu que le 7 juin, quelques jours après cette entrevue, il écrivait de Milan au Directoire : « La vérité de l'affaire de Peschiera est que Beaulieu les *a lâchement trompés* ; il leur a demandé le passage pour 5o hommes et il s'est emparé de la ville. » Puis Bonaparte somma Foscarini de lui ouvrir Vérone ; autrement il y mettrait le feu, et il acheva l'entretien en disant qu'il attendait des ordres de Paris pour déclarer la guerre au Sénat (1).

(1) Io sono stato a Peschiera gia in mano de'Francesi, traversando una numerosa colonna di truppe di questa nazione, che con li suoi posti avanzati si spingeva fin di là di Castel Nuovo. Ho veduto il generale Buonaparte, era a tavola, e l'accoglimento non fu il più lusinghiero... Mi disse dunque che la Repubblica di Venezia aveva mal corrisposto alle amiche disposizioni della sua nazione, che ben diversi furono i fatti dalle Venete espressioni, che l'aveva tradita lasciando ai Tedeschi occupar Peschiera, ciocché gli aveva, fatto perdere mille cinquecento uomini, il di cui sangue reclamava vendetta... chiamò i Veneti stretti amici degli Austriaci, e tanto più pericolosi nemici della Francia... E che percio le commissioni che al momento del suo partire aveva ricevute dal Direttorio, erano di abbruciare Verona, Io che

Dès que les gouvernants eurent connaissance de ce langage insolite en contradiction absolue avec la teneur du manifeste précédent, ils n'hésitèrent pas à adresser une protestation à l'administration directoriale. Eh quoi ! Ils n'avaient cessé de se montrer avec la France d'une loyauté et d'une correction parfaites, et on les accusait de duplicité, et c'était un général sans mandat diplomatique qui imputait à crime leurs agissements antérieurs et les menaçait d'une exécution militaire. Sans nul doute Bonaparte s'était trop avancé. Comme il était difficile de lui donner raison, Delacroix tenta de contester ses paroles « bien contraires, affirmait-il, aux sentiments qu'il a hautement manifestés, aux déclarations

si proponeva di eseguire in questa notte : che già il generale Massena era comandato con una colonna di truppe fornita di artigliere, e fra questa anche di sei mortari, di metterla col mezzo di bombe in foco, che era in marcia e che forse in quel momento avrebbero giuocato le artigliere. Disse di più, che con nuova commissione comandato dal Direttorio di trattare come nemici, e dichiarare la guerra a tutti i Principi italiani al primo passo che scoprisse in essi loro inclinazione verso gli Austriaci, si era limitato ad ordinare che bruciata fosse Verona dipendentemente all'affare del Conte di Lilla, ed aveva scritto a Parigi, da dove fra sette giorni attendeva la risposta per dichiarare formalmente la guerra all'Eccellentissimo Senato, e correre su tutti i suoi Domini... (*Archivio veneto*).

qu'il a publiées et à la conduite qu'il a tenue ». Et le ministre terminait sa dépêche à Querini par cette phrase catégorique : « Je dois me borner à vous protester que le Directoire fera observer la plus exacte discipline et qu'il aura pour les États neutres de l'Italie, et particulièrement pour la République de Venise, tous les égards qui leur sont dus (1). » Mais les actes ne correspondirent guère à ces belles promesses, et les Vénitiens n'allaient être que trop fixés sur la nature de la considération que l'on prétendait avoir spécialement à leur endroit.

(1) *Archives Aff. ét.*, Fonds Venise, 252.

CHAPITRE V

LA VIOLATION DE LA NEUTRALITÉ

I

La Vénétie devient le théâtre des hostilités. — Armements des Vénitiens. — Nomination d'un conférent. — Exigences de Bonaparte. — Conférences entre Lallement et Pesaro. — Refus de Venise d'accepter l'alliance de la France. — Mécontentement du Directoire. — Ses griefs contre Venise. — La Prusse offre son alliance à la République Vénitienne. — La reddition de Mantoue consolide l'établissement des Français. — Révolte de Bergame. — Complicités françaises. — Révoltes de Brescia et de Crema. — Le Sénat envoie Pesaro et Corner auprès de Bonaparte. — Effervescence générale dans les pays de terre ferme. — Publication d'un manifeste apocryphe contre les Français. — Ultimatum de Bonaparte au doge. — Arrivée de Junot à Venise. — Soumission du doge. — Inutilité des plaintes officielles de Querini. — Insuccès de sa tentative de gagner le Directoire par de l'argent. — Gravité de la situation.

L'entrée de Bonaparte sur le territoire vénitien

n'était point un abus de la force. Du moment que les Autrichiens avaient pénétré dans Peschiera, les Français étaient pleinement autorisés à les en chasser. Les nécessités stratégiques, le besoin d'assurer notre sécurité justifiaient une irruption qui ne pouvait être taxée d'atteinte au droit des gens, et le Sénat eût été mal venu à nous opposer une neutralité dont l'adversaire n'avait eu nul souci. Il aurait été étrange que ce qui était permis à l'un des belligérants, eût été interdit à l'autre. Conçoit-on les Impériaux envahissant la Vénétie et occupant une de ses forteresses sans qu'il fût licite à notre armée de les y poursuivre. Le désavantage eût été par trop marqué. Aussi, tant que les troupes impériales camperaient sur les terres de Venise, nous ne manquions en aucune façon à la fidélité des engagements en essayant de les y combattre. Tout autre était le fait de s'emparer de l'artillerie et des munitions de la nation, de prendre des fournitures sans en acquitter le montant, contrairement aux affirmations formelles du manifeste de Brescia, bref de commander en maître. Les Français n'auraient été fondés à agir de la sorte que si la Sérénissime République s'était jointe à leurs ennemis. Or, il n'en était rien, puisqu'elle continuait à demeurer étrangère aux hostilités et que, loin d'aider Beaulieu à se réfugier dans Peschiera, elle avait élevé une protestation énergique. Sa neutralité avait été violée malgré elle, contre son intention non douteuse de remplir les obligations qui lui incombaient de ce chef. Pourquoi donc Bonaparte avait-il commencé à la traiter en pays conquis ? Pourquoi laissait-il ses soldats, comme dans la province de Crema notamment, ravager les propriétés, molester les habitants et profaner les églises ? Singulière manière de gagner aux vues du Directoire les oligarques de Venise. Il ne pouvait même pas prétexter du refus des autorités de se plier à ses volontés. Toutes ses demandes étaient aussitôt satisfaites. A la vérité, il les formulait sur un ton si impérieux qu'il aurait été dangereux de ne pas céder. L'exemple de Vérone en était la preuve. Pour lui épargner les horreurs de l'incendie, Foscarini en avait ouvert les portes à Masséna, qui s'était empressé d'en expulser une partie de la garnison indigène. Avait-on voulu se débarrasser d'un élément gênant ou punir une ville à laquelle Bonaparte reprochait dédaigneusement de s'être crue la capitale de la France, parce que le comte de

Lille y avait séjourné deux années ? Dans tous les cas, l'occupation de cette place fortifiée, à laquelle s'ajoutait celle de Legnano, avait mis les Français en possession de la ligne de l'Adige, au grand mécontentement des populations qui souffraient cruellement de leurs réquisitions incessantes.

Les menaces et les violences de Bonaparte avaient eu le don d'arracher les Vénitiens à leur inertie. Ils procédèrent à la hâte à des levées d'hommes et à une mobilisation de la flotte, tellement ils craignaient d'être pris au dépourvu si une agression se produisait. En même temps, afin de faciliter la discussion des affaires, le Sénat avait nommé un *conférent*. On qualifiait ainsi le membre du gouvernement chargé de s'aboucher avec les légations. Dans les circonstances extraordinaires, la Constitution tolérait une dérogation à la règle fondamentale qui prohibait les conversations avec le corps diplomatique. Déjà au dix-huitième siècle, durant l'ambassade de Froullay, un patricien appartenant à l'illustre famille des Tiepolo avait été investi de ces fonctions. Cette fois, le choix s'était porté sur le procurateur de Saint-Marc, Francesco Pesaro, choix qui tout d'abord pouvait étonner en raison des principes de celui-ci assez peu favorables à la politique française, mais que l'élévation de son esprit, sa souplesse et son habileté expliquaient amplement. Lallement, du reste, fut en tous points charmé, dès son premier entretien, de la courtoisie et des dispositions conciliantes de ce fonctionnaire. D'une part, Pesaro plaida auprès du ministre du Directoire la cause de sa patrie. Il insista sur l'impossibilité où on avait été de s'opposer à l'entrée des Autrichiens dans la citadelle de Peschiera et renouvela le désir de la République de conserver des relations amicales avec la France. Interrogé au sujet des préparatifs militaires, il n'osa pas avouer que les brutalités de Bonaparte les avaient rendus nécessaires et répondit par une explication ingénieuse. L'armement des lagunes, sur lesquelles s'était concentrée l'activité de l'amirauté, avait seulement pour but d'empêcher que les nombreux fugitifs d'Italie ne vinssent provoquer des désordres à Venise. Quant aux Esclavons, si on les avait rappelés des îles ioniennes, c'est qu'on jugeait opportun de les remplacer par des régiments italiens plus décidés à maintenir dans l'obéissance les autochtones de là-bas. Enfin, Pesaro suppliait les généraux français d'avoir la

main moins lourde et de modérer les réquisitions
dont étaient accablés les Vénitiens. D'autre part,
Lallement profita de l'occasion pour s'ouvrir
des propositions du Directoire relatives à une
alliance. Jusque-là il s'était abstenu de poser la
question, se bornant à faire des insinuations
auprès de quelques sages et encore par des voies
indirectes. Mais précisément, comme Pesaro
déplorait les malheurs du présent, il lui déclara
que l'unique moyen de salut était la conclusion
d'un traité offensif et défensif avec la Porte et la
France. L'existence de Venise ne dépendait-elle
pas de la conservation intégrale de l'empire
ottoman, menacé par les ambitions moscovites ?
Et, pour commencer à s'acquérir les sympathies
des Turcs, la Sérénissime République ne devrait-
elle pas leur céder l'îlot fortifié de Cerigotto près
de Candie, dont la possession leur serait si pré-
cieuse ? Mais, malgré toute son éloquence, Lallement n'obtint pas la réponse désirée, et Pesaro
se déroba en contestant l'imminence du danger
du côté de la Russie et demandant d'ajourner à
une époque ultérieure l'exécution d'un projet
aussi important.

Tandis que la Péninsule était livrée aux horreurs de la guerre, à Paris le Directoire songeait

de plus en plus à régenter les Vénitiens. Certes il ne voulait pas une rupture avec eux ; il l'avait formellement annoncé à Bonaparte, lorsque ce dernier l'avait informé de l'irruption des Autrichiens dans la Vénétie (1). Mais il ne l'en avait pas moins invité à réclamer la remise de tous les fonds des puissances en lutte avec la France, particulièrement ceux du roi d'Angleterre qui étaient déposés à Venise, ainsi que le séquestre des vaisseaux ennemis mouillés dans ses ports. En outre Delacroix s'ingéniait à soulever à chaque instant des difficultés. Sa rancune s'était déversée sur Querini, dont le caractère modéré et la correction n'étaient pourtant pas de nature à inspirer la méfiance. Il le surnommait un « autre Carletti », épithète par laquelle il cherchait à ruiner son crédit, et parlait de la nécessité de lui donner un successeur. Pesaro n'était guère mieux apprécié. Il le disait un « ennemi de la France, un politique astucieux » et blâmait presque Lallement de trop ajouter foi à ses

_____

(1) Je vous observe que l'intention du Directoire n'est pas de rompre avec la république de Venise et vos démarches, dans cette occasion délicate. doivent être telles qu'elles n'amènent pas cette rupture (11 juin 1796). *Archives Aff. él.*, Fonds Venise, 252.

paroles (1). En somme il ne pardonnait pas à ce patricien de ne s'être pas jeté de suite dans les bras de son ambassadeur. Il incriminait également la conduite du Sénat, partageant l'opinion de Bonaparte qui, à la différence de Lallement, voyait dans les armements de la République non une mesure de légitime défense, mais une véritable provocation à notre adresse. Toutefois, au risque d'être accusé de partialité par l'Autriche, le Gouvernement vénitien se soumettait à toutes les exigences de la France. Il avait fourni 3oo.ooo rations de biscuit à son armée, il s'était montré disposé à lui avancer 5 millions dont le remboursement s'opérerait par des délégations sur la dette de Hollande et, s'il se plaignait des

(1) Vous connaissez l'homme avec qui vous conférez. Ennemi de la France, politique astucieux, temporiseur adroit, il ne cherche qu'à vous en imposer sur les véritables vues du Sénat... Songez que la moindre prévention de votre part en faveur des Vénitiens serait mille fois funeste à la cause des Français. Ne montrez donc au conférent ni mollesse, ni confiance aveugle, montrez-lui l'intérêt de sa propre république, la force de nos armées et le moment très pressant de se décider... Demandez donc une réponse catégorique sur la destination de l'armement vénitien et sur l'alliance prompte et véritable que le Directoire vous a chargé de proposer, et n'oubliez pas qu'on n'obtient rien dans ce pays qu'avec de la force et de la défiance (3 août 1796). *Archives Aff. él.*, Fonds Venise, 252.

actes des intendants français, il laissait ses podestats souscrire à leurs demandes d'approvisionnement. Mais toute cette condescendance ne suffisait pas au Directoire, il lui fallait une alliance, et, tant que Venise ne se serait pas prononcée, elle continuerait à subir sa mauvaise humeur.

Aussi les conférences ne cessaient-elles de se poursuivre entre Lallement et Pesaro; et, si les formes de politesse et la conciliation eussent été la raison déterminante du succès, nul doute qu'on n'eût abouti au résultat espéré. C'était à qui des deux négociateurs rivaliserait d'attentions et de bonne volonté. Malheureusement la Sérénissisme République était trop attachée à son système et regardait trop la neutralité comme un dogme intangible pour qu'elle cédât aux arguments directoriaux. Quand Lallement devenait plus pressant, Pesaro opposait l'état de faiblesse de sa patrie. Que faire, répliquait-il, avec une marine délabrée et un trésor épuisé. A la rigueur il est possible de recruter des troupes nombreuses, mais les soldats exercés et les officiers instruits manqueront toujours. Et c'est dans des conditions si défavorables qu'on irait s'exposer à la vindicte de l'Autriche et de l'Angleterre. Assurément le tableau n'était pas exagéré et les objections avaient leur poids. Mais Pesaro oubliait que, si Venise n'était rien par elle-même, elle tirerait une force considérable de l'appui de la France. A cette heure, Bonaparte étonnait l'Europe par ses exploits. Après avoir écrasé Beaulieu, il avait repoussé les attaques de Wurmser, le généralissime qui lui avait succédé ; et que ce fût à Salo, à Lonato, à Castiglione et à Roveredo où eut lieu la rencontre des deux adversaires, partout Bonaparte avait été vainqueur. Désireux cependant d'être agréable au Directoire, Pesaro, sachant que Querini n'était plus *persona grata*, avait annoncé l'intention des oligarques de le remplacer. Mais à peine Delacroix en fut-il averti qu'il se ravisa et manifesta le désir de garder le diplomate, dont la veille encore il sollicitait le changement. Il lui aurait été difficile d'étaler plus de versatilité.

Si les faux fuyants de Pesaro indiquaient assez clairement la répugnance des Vénitiens à lier partie avec le Directoire, ils ne constituaient pas une réponse définitive et sans appel. Et cette réponse, qui la donnerait sinon le Sénat, auquel l'alliance de la France était catégoriquement proposée par différents intermédiaires ? La question s'agitait ailleurs que dans la cité des doges. A Constantinople notre représentant Verninac en causait d'une façon très pressante avec le baile Foscarini. A Madrid Godoï, le ministre dirigeant, était chargé de transmettre des ouvertures à la légation vénitienne. A Paris Delacroix avait insisté à diverses reprises auprès de Querini. Il n'était pas jusqu'à Battaglia, le nouveau provéditeur de terre ferme nommé à la place de Foscarini jugé insuffisant, qui n'eût reçu à ce sujet, à Brescia, des avances de Bonaparte. Naturellement dans toutes ces conversations on s'étendait sur l'intérêt majeur qu'avait la Sérénissime République à s'unir à la France, seule capable de la défendre, et, pour lever ses hésitations, on lui promettait des agrandissements territoriaux à la paix continentale. Or cette paix ne pouvait plus tarder, lorsque Wurmser venait d'échouer dans sa campagne; du moins le croyait-on dans les conseils directoriaux. C'est ce moment que choisit Lallement pour inviter le Sénat à se déclarer (2 octobre 1796). Il n'avait rien négligé dans sa note de ce qui était susceptible de triompher des scrupules d'un gouvernement trop confiant dans la probité des monarchies, rappelant l'exemple de la Pologne victime d'une odieuse agression, concertée entre trois puissances, et affectant à son endroit la sollicitude la plus empressée (1). Mais le Sénat avait en matière de politique extérieure des principes immuables et, décidé cette fois à couper court à toutes les instances, il répondit par des périphrases qui, malgré leur tournure filandreuse, n'en étaient pas moins un refus absolu.

A cette nouvelle le Directoire éprouva un profond dépit. Il avait de la peine à comprendre qu'un État faible et isolé rejetât ses propositions. Cela ressemblait pour lui à du dédain dont il se

(1) Le Sénat croit devoir toujours suivre son ancienne politique à laquelle il a dû, jusqu'à présent, sa sûreté et sa tranquillité. Il ne craint pas son voisin, parce qu'il ne veut rien faire qui puisse lui déplaire : mais le système de probité n'existe plus. La Pologne en est un exemple récent... La paix générale sur le continent se prépare. Le sort de l'Italie sera décidé. La république de Venise, alliée à la France, doit tout attendre de son amitié. Mais si, par des ménagements pour les ennemis naturels qui méditent sa perte, elle laisse échapper le moment de se soustraire pour toujours à l'ambition de la maison d'Autriche, elle n'évitera aucun des dangers qui la menacent, et elle n'aura plus le droit de réclamer l'appui d'une puissance qu'elle aura négligée et qui seule pourrait l'en garantir. Ce sont sans doute des vérités dures à présenter, mais la loyauté française ne sait pas ménager les expressions, lorsqu'il s'agit d'éclairer et de sauver un ancien ami. (*Archives Aff. ét.*, Fonds Venise, 252.)

trouvait offensé. Aussi Delacroix et ses inspirateurs songèrent-ils à le punir en multipliant leurs exigences. Petitesse d'esprit de la part de ces politiciens médiocres qui essayaient de jouer aux grands hommes ! Certes l'attitude de Venise dans les circonstances actuelles était une faute. Désarmée comme elle l'était, elle était menacée de disparaître, et elle repoussait la main de la nation victorieuse qui pouvait la sauver. Qu'elle n'arguât pas de sa neutralité. En réalité, quel que fût son désir d'y rester fidèle, elle n'existait plus puisque son territoire envahi par les Autrichiens et les Français était devenu le théâtre des opérations militaires. Mais après tout Venise était libre de courir à sa perte, et rien n'autorisait le Directoire à considérer sa décision comme une injure. Jamais le Sénat n'avait eu l'intention de manquer de respect à la France. Il suffisait de l'avoir tant soit peu pratiqué, pour savoir qu'il n'avait agi que par crainte d'être entraîné dans une guerre qui lui répugnait, et à laquelle son système d'immobilité depuis 1718 l'avait assez mal préparé. N'importe, le seul fait d'avoir résisté aux prières du Directoire était un crime irrémissible, et dès lors commencèrent les agacements de tout genre.

S'il y avait en Europe un gouvernement correct et circonspect, c'était assurément celui de Venise. Bien qu'il détestât les idées révolutionnaires, il ne permettait aucune manifestation hostile à leur sujet. On l'avait vu frapper les Vénitiens, qui attaquaient la Révolution, avec la même promptitude avec laquelle il chassait ceux de nos compatriotes suspects de libéralisme. Ces rigueurs ne dataient pas d'aujourd'hui ; elles s'étaient produites sous la Convention quand nos armées étaient éloignées de l'Italie. Preuve qu'il s'inspirait du sentiment des convenances diplomatiques, et non de la peur de nos coups. Dernièrement encore il avait incarcéré, sur les réclamations de Lallement, le rédacteur du journal les *Notizie del Mondo*, coupable d'avoir persiflé dans ses articles le Directoire. Néanmoins Delacroix prétendait que la Sérénissime République ne cessait d'abreuver d'outrages la France républicaine et énumérait dans un rapport indigné une série d'actes, dont, à l'entendre, la véracité était hors de doute. Pamphlets vilipendant les Français, gravures injurieuses répandues partout, relations de miracles tendant à renouveler les scènes sanglantes de Pavie, calomnies contre les soldats de Bonaparte accusés de commettre mille excès, tels étaient les noirs forfaits que les Vénitiens auraient eus sur la conscience. Or de ces allégations les unes étaient fausses et les autres visaient des choses toutes naturelles. Jamais, par exemple, il n'avait circulé publiquement de libelles insultants pour la France. Lallement, qui l'affirmait, insistait sur la sévérité des gouvernants à ce propos. Il n'y avait pas davantage profusion de caricatures offensantes. Si par hasard quelques-unes avaient été exposées, elles avaient été importées d'Angleterre et, dès leur apparition, la police en avait ordonné la saisie. Quant aux récits miraculeux, ils étaient courants en Italie chez une population très croyante et ne présentaient aucune tendance subversive. Le mécontentement, causé par la présence de nos troupes, n'était pas non plus contestable. Mais franchement avait-on le droit d'exiger d'un peuple, dont une soldatesque effrénée saccageait les propriétés, de subir sans murmurer son malheureux sort ? C'étaient ceux qui perpétraient ces violences, non les pauvres victimes, que l'on devait incriminer. Et qu'on ne crie pas à l'exagération. Les vexations étaient si répétées qu'à chaque instant Querini les dénonçait au Directoire, sans obtenir satisfaction. En réalité l'auteur de ces racontars ridicules n'avait pas même le mérite d'habiter sur les lieux. Il n'était autre qu'un certain Fourcade, jacobin haineux nommé consul à la Canée, et qui, pour se rendre à son poste, avait passé par Venise. Pendant son court séjour, il n'avait fréquenté aucune société, ni eu le temps de connaître le pays. Mais son caractère ombrageux lui ayant fait découvrir une multitude de complots, il avait, avec son imagination grossissante, tracé un tableau en tous points fantaisiste. La moindre image dissimulée au fond d'une boutique sordide était devenue une collection de dessins étalés sur les places ; la feuille la plus obscure, à laquelle personne ne prêtait attention, s'était transformée en une nuée d'opuscules satiriques vendus avec ostentation dans toutes les librairies. Et il avait pensé au surplus que des légendes pieuses et les plaintes devant l'oppression constituaient à l'égard de la France une insulte mortelle (1).

Tandis que ces reproches partaient de Paris à l'adresse de la Sérénissime République, Querini recevait la visite de son collègue de Prusse,

______

(1) *Archives Aff. ét.*, Fonds Venise, 252.

M. Sandoz Rollin, qui venait lui proposer l'alliance de son roi. Il ne s'agissait pas de changer de système. Venise était neutre, elle le resterait. Seulement il fallait envisager l'avenir. L'Autriche, fâchée des complaisances des Vénitiens envers Bonaparte, ne serait peut-être pas toujours disposée à respecter l'intégrité de leur territoire. Contre son action un appui leur était nécessaire. Ils ne pouvaient le demander au Directoire, dont les principes révolutionnaires juraient avec les leurs, et qui cherchait à bouleverser l'Europe. Ç'aurait été introduire chez eux le jacobinisme et le désordre. Il n'y avait donc que le cabinet de Berlin en état de les protéger. Absolument désintéressé, soucieux uniquement de prévenir des plans perfides, il leur tendait une main amie et n'exigeait même pas qu'ils se livrassent à des démonstrations belliqueuses (1). Mais le Sénat, informé de ces ouvertures, ne voulut point s'engager. S'il craignait de froisser la France, il ne redoutait pas moins de s'aliéner les bonnes grâces de l'empereur. Pourtant, les oligarques de Venise n'avaient guère à se louer de celui-ci. Il les avait empêchés

(1) *Archivio Veneto.*

d'appeler à leur service le prince de Nassau, un
général remarquable par ses talents, et persistait
à ne tenir aucun compte de leurs observations
sur les déprédations de ses soldats. La troisième
armée impériale, qui s'était reformée sous le
commandement du feld-maréchal Alvinzi, avait
tout dévasté sur son passage, traitant les populations avec la même brutalité que les régiments républicains. Tout cela pour aboutir au
désastre d'Arcole (7 novembre 1796). Elle ne fut
pas plus heureuse dans sa seconde tentative de
secourir Mantoue, où Wurmser était enfermé.
Battue à Rivoli et à la Favorite (14 et 16 janvier 1797), elle dut abandonner les assiégés à
leur impuissance, de sorte que la place n'étant
plus ravitaillée fut obligée de capituler le 2 février.

La reddition de Mantoue était pour les Français un succès éclatant qui consolidait grandement leur établissement dans la Vénétie. Plus
que jamais ils allaient y exercer leur influence
et y imposer leurs volontés. Déjà le pouvoir
légal était bien désarmé. Vainement élevait-il la
voix contre les atteintes à son autorité et à l'indépendance nationale, on lui répondait par de
platoniques regrets ou la nécessité impérieuse

d'assurer la liberté des opérations stratégiques.
C'était cette dernière raison qu'on avait donnée
au Sénat, lorsqu'il s'était plaint de l'arrestation
de ses courriers dans les Romagnes et de la saisie de leur correspondance. C'était ce même argument, qui était constamment invoqué pour
expliquer la présence de nombreuses garnisons
dans les villes du pays. Et, quand on s'était
emparé de la forteresse de Bergame et des 2.000
fusils en dépôt, on avait, afin de justifier cette
mesure, accusé les habitants d'avoir favorisé
l'évasion de prisonniers autrichiens. Bonaparte
avait lui-même écrit une lettre au provéditeur
Battaglia pour blâmer l'hospitalité dont y jouissaient les émigrés, mais il avait ajouté à l'adresse
des ecclésiastiques italiens des considérations
qui trahissaient le futur négociateur du Concor-
dat. « C'est avec plaisir, disait-il, que je saisis
cette occasion pour rendre justice au zèle pour la
tranquillité publique que montrent M. l'évêque
de Bergame et son respectable clergé. Je me
convaincs tous les jours d'une vérité démontrée
à mes yeux, c'est que, si le clergé de France eût
été aussi sage, aussi modéré, aussi attaché aux
principes de l'Évangile, la religion romaine
n'aurait subi aucun changement en France.

Mais la corruption de la monarchie avait infecté jusqu'à la classe des ministres de la religion ; l'on n'y voyait plus des hommes d'une vie exemplaire et d'une morale pure, tels que le cardinal Matei, le cardinal-archevêque de Bologne, l'évêque de Modène, l'évêque de Pavie, l'archevêque de Pise. Il m'a paru quelquefois, discourant avec ces personnages respectables, me retrouver aux premiers siècles de l'Église (1). » Enfin l'acte le plus grave avait été commis à Massolente, un village du district de Bassano, où des volontaires de la division du général Masséna avaient fusillé sans jugement cinq infortunés paysans.

Jusqu'ici cependant, si les Français commandaient en maîtres, ils avaient évité d'exciter la nation contre les gouvernants, d'encourager notamment la rancune des nobles de terre ferme contre les patriciens de Venise, rancune provenant, nous le savons, de leur condition humiliée. Il est vrai qu'une aristocratie espère rarement obtenir d'un État démocratique le redressement de ses griefs. Aussi ces nobles inclinaient-ils plutôt à placer leur confiance dans l'Autriche et détestaient-ils même la France, regardée par

---

(1) Correspondance de Napoléon Ier.

eux comme la pire ennemie de l'ordre social et de leurs traditions. Quoi qu'il en soit, aucun mouvement anticonstitutionnel ne s'était produit dans les provinces de la République depuis l'invasion de Bonaparte, lorsque, le 12 mars 1797, le peuple de Bergame renversa le lion de Saint-Marc et proclama l'autonomie municipale.

II

Mais cette révolution, comment avait-elle
éclaté? Librement, affirmait le Directoire, en
conformité du vœu des habitants. Nullement,
répliquait le Sénat de Venise, mais par la connivence manifeste du lieutenant de Bonaparte,
le commandant Lefèvre. Et c'est de cette divergence qu'allaient naître les événements les
plus critiques. Le matin du jour où avait eu lieu
la révolte de Bergame, les troupes françaises
s'étaient fortifiées dans les différents points de la
ville, s'opposant systématiquement à ce que les
régiments indigènes rétablissent la tranquillité
et arrêtassent les rebelles, qui, se sentant les
coudées franches, avaient redoublé d'audace.
Bien mieux, Lefèvre avait contraint les députés
urbains à signer la charte émancipatrice, que
l'on prétendait être l'expression de la volonté populaire. Puis il avait sommé le podestat Ottolini

de sortir sur-le-champ, sous peine d'être jeté
dans les fers. Telle était la relation vénitienne,
rédigée d'après les propres déclarations du fonctionnaire expulsé. Mais la version du Directoire
était tout autre. Suivant lui, l'émeute de Bergame
s'expliquait par l'impopularité du gouvernement.
La population, qui depuis longtemps attendait
une occasion pour secouer son joug, a songé à
profiter de l'entrée des Français en Italie et de
leurs victoires répétées. Elle s'est agitée, elle à
tenu des conciliabules. Ottolini, furieux, a commencé à la vexer sur le moindre prétexte d'opinion favorable à nos principes. Surveillance
incessante, menaces, emprisonnements, tout a
été mis en œuvre. Loin de se laisser intimider,
les Bergamasques ont expédié à Milan des émissaires chargés de demander leur réunion à la
Lombardie. N'ayant pas rencontré de ce côté
l'appui désiré, ils ont cependant continué leurs
menées. Mais Ottolini, résolu à frapper un grand
coup, a dressé la liste des chefs de la cabale
pour l'envoyer aux inquisiteurs. C'est alors que
les citadins, indignés de cette iniquité, ont chassé
le podestat et proclamé leur indépendance.
Quant à Lefèvre, qui s'est borné à prendre des
mesures de sûreté pour ses soldats, on chercherait

en vain une complicité quelconque de sa part. La preuve n'en est-elle pas dans une lettre du général Kilmaine, commandant du Milanais, lui interdisant de se mêler aux querelles intestines du pays ? L'insurrection a donc été entièrement fomentée par les Bergamasques. On en doit d'autant moins douter que l'évêque vient de publier un mandement en vue de prêcher l'obéissance à la nouvelle municipalité — ce qu'il n'aurait pas fait si les Français y avaient trempé les mains (1).

Dans tous les cas, si Lefèvre n'avait pas agi avec autant de brutalité qu'on l'en accusait, sa conduite incontestablement était assez suspecte. D'abord il avait lancé des hommes à la poursuite du courrier qu'Ottolini avait dépêché à Venise, et c'est de cette façon qu'on avait connu les noms des personnages, dénoncés à la colère du Conseil des Dix. Cet aveu émanait de Lallement lui-même, qui s'efforçait naturellement de faire retomber sur le podestat toutes les responsabilités. Ensuite, sous couleur de précautions militaires, en réalité dans l'intention de favoriser les insurgés, il avait empêché l'intervention

(1) *Archives Aff. ét.*, Fonds Venise, 253. — *Archivio Veneto.*

de la garnison vénitienne. L'injonction de Kilmaine à son subordonné n'était pas non plus un argument suffisant pour réduire à néant les allégations du Sénat, puisqu'elle était postérieure à la révolte de Bergame et visait seulement les dispositions de l'avenir. Et même si Lefèvre était à l'abri de tout soupçon, comment le Directoire osait-il déclarer la France totalement étrangère à ce soulèvement, quand il existait à Milan un comité secret ayant pour but de révolutionner l'Italie et dont un des membres les plus actifs était un officier français d'état-major appelé Landrieux ? Chose étrange, c'était celui-ci qui, obéissant on ne sait à quel mobile, avait averti le secrétaire d'Ottolini du complot en préparation (1). D'ailleurs, les encouragements aux mécontents de la Vénétie rentraient dans le programme directorial. Ils figuraient très nettement comme un moyen à employer dans les instructions de Delacroix au général Clarke, investi de la mission de négocier la paix avec l'Autriche (2).

(1) Botta, *Storia d'Italia dal 1789 al 1814.*

(2) Vous connaissez les torts réels et graves de Venise à notre égard. Des personnes, qui connaissent le pays, prétendent que tous les États de terre ferme, principalement les Bressans, les Bergamasques et les Véronais sont révoltés de l'orgueil des nobles vénitiens et disposés à s'armer pour

Dernièrement encore, *le Moniteur*, dans un article d'inspiration officieuse, n'hésitait pas à y recourir (1). Venise ayant refusé d'accepter notre alliance, on estimait pouvoir la traiter en ennemie, et il était de bonne guerre d'y exciter les esprits contre les autorités légitimes afin d'avoir un prétexte à la dépouiller (2). Pour Bo-

la liberté. Venise a refusé notre alliance. Rien ne nous empêche donc de favoriser sans éclat les généreux efforts que ces peuples tenteraient pour recouvrer leur liberté. Admis dans la république lombarde ou devenus ses alliés, ils lui donneraient une force nouvelle. Je vous demande vos observations sur les obstacles ou les facilités que peut présenter l'exécution de ce projet (17 novembre 1796). *Archives Aff. ét.*, Fonds Vienne, 367.

(1) Dès à présent toute la partie de l'État de Venise qui est en-deçà de l'Adige peut se déclarer sans avoir à craindre que les Vénitiens tentent de la soumettre de nouveau au despotisme aristocratique. Dès à présent Bergame. Brescia, Crema, Peschiera peuvent se réunir à la république lombarde. Les habitants disposés à prendre ce parti sont en grand nombre. (Extrait d'un article du 27 février 1797, cité par Daru dans son histoire de Venise.)

(2) Venise décidément sera la rançon du Milanais. Le Directoire trouve légitime l'invasion et le dépouillement de cette république; Bonaparte fera un pas de plus : après l'avoir rançonnée, il la démembrera. Il y préparera le Directoire en lui montrant que cette extension de ses projets est le seul moyen de transiger avec l'Autriche ; il y préparera l'opinion en multipliant les griefs et en poussant la querelle de façon à rejeter tous les torts sur les Vénitiens. Par un mélange d'hostilités qu'il provoquera pour motiver ses

naparte, elle devait d'ores et déjà servir à indemniser l'empereur de ses pertes éventuelles ; il
allait rallier à cette idée les gouvernants de Paris,
bien qu'ils eussent préféré dédommager en Allemagne la maison de Habsbourg. Ce plan n'était
plus un secret dans les chancelleries. Dans une
longue dépêche du 25 janvier précédent, Querini
en avait parlé aux inquisiteurs. Il avait dit que,
la France étant décidée à s'annexer les provinces
belges, la cour de Vienne, faute d'être autorisée
par la Prusse à s'emparer de la Bavière, aurait
droit d'enlever à la Sérénissime République les
territoires à sa convenance, et il avait ajouté
qu'ayant protesté auprès de Rewbell, ce Directeur s'était empressé de le rassurer. Mais Querini, peu confiant dans la parole donnée, demeurait fort inquiet (1).

représailles, de séditions qu'il suscitera afin de les réprimer
de complots qu'il soufflera afin de paraître les déjouer, il
donnera au public français l'impression que cette oligarchie
perfide a d'elle-même appelé sa ruine et qu'elle ne mérite
pas plus d'égards qu'une province du Saint-Siège ou un
territoire ecclésiastique d'Allemagne (A. SOREL. *l'Europe et
la Révolution française*, livre V, pp. 151, 152).

(1) Non mi sembrava di potermi persuadere, che da questo
governo contro ogni buon principio si tentasse di tradire in
si fatto modo la buona fede, ed abusare si volesse della re-
ligione d'una potenza amica e neutrale. Credei di dovermi

La duplicité du Directoire ressortait de tous ces manèges. Aussi n'y eut-il rien d'étonnant que l'émeute de Bergame fût suivie presque immédiatement de celle de Brescia (17 mars). Du moins dans cette ville, vu la pusillanimité du provéditeur Battaglia contribuant indirectement à frayer les voies à l'insurrection, pouvait-on nier la complicité des Français? Mais que penser de la façon dont ils se comportèrent le 28 mars à Crema, où ils obligèrent les troupes vénitiennes à mettre bas les armes, plantèrent l'arbre de la liberté, chassèrent le podestat Contarini et établirent une municipalité de leur choix? Là également était apparu Lhermite, le même personnage qui avait opéré à Bergame.

subito dirigere al Direttore Rewbell, che è quello che tra li componenti il Consiglio esecutivo mi riguarda più degli altri con qualche maggior distinzione... Le parole di quel Direttore dovrebbero darmi sufficiente argomento, onde assicurar V. E. dell'insussistenza del riferitomi progetto, tanto più ch'egli è quello presentemente che nella parte politica ha la maggior influenza nel consiglio del Direttorio. Ma la sapienza di V. E. da tutta la sfortunata serie delle cose corse ben facilmente dedurrà, quanto poco fiducia portarsi debba alle asserzioni di questo governo, il quale finora fece dipendere solo le sue direzioni dall'eventualita delle circostanze e del proprio interesse, ben facilmente abbraciando qualunque pretesto e le più leggere apparenze, onde attribuirsi il diritto di agire in modo totalmente contrario a quello che, per ogni principio di ragione e di giustizia, gli converrebbe di fare... *Archivio Veneto.*

Dès les premiers soulèvements, le Sénat avait envoyé à Bonaparte deux fonctionnaires, Pesaro et Corner, pour attirer son attention sur les actes de ses lieutenants. Ils le trouvèrent à Goritz et lui demandèrent le désaveu des commandants de Brescia et de Bergame, la remise aux Vénitiens des châteaux de ces deux cités et la permission de faire marcher des soldats contre les rebelles. Bonaparte répondit que, si la culpabilité de ses officiers était avérée, il ne manquerait pas de les punir. Mais il ne voulut pas livrer ses positions et ne consentit à laisser avancer des bataillons indigènes que si ce mouvement ne nuisait en aucune manière à ses intérêts militaires. Qu'avait besoin leur République de mobiliser ? N'offrait-il pas sa médiation pour dompter les factieux ? Qu'on lui permît d'agir à sa guise et le calme renaîtrait aussitôt. Mais Pesaro et Corner, voyant le danger d'une ingérence étrangère dans les affaires intérieures du pays, craignant surtout que Bonaparte ne fît payer cher ses services, déclinèrent sa proposition. En somme ils avaient échoué dans leur démarche. Le vainqueur ne leur accordait rien ou presque rien de ce qu'ils désiraient et tenait à se réserver la haute main dans la solution du conflit actuel, alors que les

oligarques prétendaient rester les maîtres chez
eux. De son côté, Querini ne fut pas plus heureux.
Invité à se plaindre de l'appui prêté à la rébellion, il s'aboucha successivement avec Rewbell
et Delacroix. Mais il ne put obtenir de l'un et de
l'autre que de belles protestations d'amitié et de
vaines promesses, qui, devant la gravité de la
situation, semblèrent d'une amère ironie.

Depuis les troubles de terre ferme, l'État de
Venise était en pleine fermentation. Enhardis
par leurs succès, les insurgés cherchaient maintenant à soulever les populations de la rive
droite de l'Adige. Ils avaient appelé à leurs
secours les Polonais de Dombrowski et les Lom-
bards du colonel Lahoz et ne cessaient, pour
tromper les esprits, de noircir le gouvernement
et de vanter la grandeur de leurs desseins. Tandis qu'aucun obstacle ne s'opposait à leurs agissements, Landrieux, sous prétexte de considérations stratégiques, contestait aux autorités
légales le droit de se défendre. Il se déclarait
résolu à attaquer les forces régulières qui tenteraient de pénétrer dans les places révoltées et
conseillait de se soumettre aux événements.
Toutefois, en dépit de ses proclamations belliqueuses, l'émeute n'augmentait guère ses cadres.

Loin de se ranger sous son drapeau, les habitants des campagnes s'étaient levés en masse contre les fauteurs de désordre. Ils commencèrent par leur infliger un échec à Salo sur le lac de Garde, où s'était porté un de leurs détachements grossi de Polonais et de quelques Français. Une terrible décharge de mousqueterie et la prise de 200 prisonniers furent la réponse aux cris de « Vive la liberté » poussés par les agresseurs. Mais les paysans en voulaient principalement aux soldats de Bonaparte, qu'ils regardaient comme les oppresseurs de leur patrie et les vrais auteurs des séditions, qui avaient bouleversé des cités jusque-là si tranquilles. Dans le Brescian et le Bergamasque, que nous avions crus favorables à nos idées, ils les traitaient en ennemis jurés. Cette dernière province en particulier, où le peuple avait réclamé des armes avec tant d'insistance, était déchaînée contre nous. Malheur à ceux de nos compatriotes qui s'avançaient isolément à travers la contrée, ils étaient massacrés sans pitié. Sur la route de Milan à Bergame, on signalait plus de cinquante assassinats. Impossible d'imaginer l'agitation qui régnait dans ces endroits, où l'on se riait des lois et jouait avec la vie humaine !

Comme si l'effervescence n'était pas suffisante, voici que pour l'accroître une gazette milanaise, le *Thermomètre politique* publiait, sous la signature du provéditeur Battaglia, un manifeste qui était tout à la fois un appel aux passions homicides et une déclaration de guerre à la France (1). La capitale de la Lombardie avait la

(1) Nous, François Battaglia, provéditeur général de terre ferme pour la Sérénissime République de Venise. Le délire fanatique de quelques brigands, ennemis de l'ordre et des lois, a excité les crédules Bergamasques à la rébellion contre leur souverain légitime et à diriger une multitude de scélérats stipendiés sur les villes et les provinces pour les entraîner dans la révolte. Nous exhortons les sujets fidèles à se lever en masse, à courir aux armes, à dissiper, à détruire ces ennemis de l'État, sans faire quartier à aucun, se fût-il même rendu prisonnier. Qu'ils soient certains que le Gouvernement s'empressera de leur fournir des secours d'argent et des troupes réglées. Déjà les Esclavons à la solde de la République sont prêts à marcher. Que personne ne doute du succès de l'entreprise; nous pouvons affirmer que l'armée autrichienne a enveloppé et battu complètement les Français dans le Tyrol et le Frioul. Elle poursuit les restes de ces hordes sanguinaires et impies, qui, sous le prétexte de combattre l'ennemi, ont dévasté les campagnes et pillé les sujets de la République, toujours sincères, toujours exacts à observer la neutralité. Les Français se trouvent donc dans l'impossibilité de porter secours aux rebelles. C'est à nous d'attendre le moment favorable pour leur couper la retraite devenue leur unique ressource. Nous invitons en outre les Bergamasques demeurés fidèles et les autres peuples à chasser les Français des villes et des forts, dont ils se sont arbitrairement emparés, et à s'adresser à nos commissaires

spécialité des diatribes de ce genre. Il y existait
une presse domestiquée, empressée à les répandre. Seulement elles étaient d'ordinaire dirigées
contre les princes italiens, alors que, dans les
mêmes colonnes, la nation française était constamment glorifiée. Pourquoi ce brusque changement d'attitude? Pourquoi ces étrangers si
souvent couverts de louanges, pourquoi ces
bienfaiteurs, ces *amis* de l'Italie, étaient-ils tout
à coup transformés en *hordes sanguinaires et
impies*, auxquelles il fallait courir sus? L'organe
en question pouvait, à la vérité, objecter qu'il se
contentait d'imprimer un document officiel dont
il réprouvait la teneur. N'était-il pas étrange,
néanmoins, qu'une pièce aussi insolite émanât
d'un gouvernement connu pour sa circonspection, et que le rédacteur en fût Battaglia, le
fonctionnaire conciliant par excellence, l'admi-
rateur de Bonaparte, celui qui avait recommandé
au Sénat d'accepter son alliance? En réalité, ce
factum était une insigne imposture. Daté du 20
mars et paru le 5 avril, il avait été forgé par un
certain Salvadori, besogneux aux gages des

Pierre-Jérome Zanchi et Pierre Locatelli pour recevoir les
instructions nécessaires, aussi bien que la paie qui sera de
4 livres par jour pendant la durée du service.

comités révolutionnaires, dont le but était de
perdre les Vénitiens dans l'esprit du Directoire
et d'aider par là au démembrement de leur pays.
Le stratagème ne réussit que trop. Car, malgré
le désaveu formel de la République et de l'intéressé, les généraux de Bonaparte feignirent de
croire à leur culpabilité et surent agir en conséquence. Lahoz en profita pour dénoncer la duplicité de Venise, dire qu'on n'avait plus à respecter
sa neutralité et soulever la ville de Vicence.
Partout, sur la terre ferme, ce n'étaient que
haines et récriminations réciproques ; partout
confusion et dangers de toute sorte.

Cependant, les divers commandants n'avaient
pas manqué d'informer Bonaparte, qui se trouvait sur le chemin de Vienne, prêt à dicter la
paix à l'empereur, des graves événements dont
la Vénétie était le théâtre. Déclinant toute
responsabilité personnelle dans la crise et reje-
tant les torts sur l'adversaire, ils représentèrent
l'armement des paysans comme l'œuvre machia-
vélique des inquisiteurs. C'étaient eux, préten-
daient-ils, qui l'avaient ordonné, n'attendant que
l'éloignement du grand capitaine, le moment où
il serait aux prises dans les défilés de l'Allemagne avec l'archiduc Charles, pour lancer contre

nous les populations vénitiennes. D'ailleurs cette oligarchie, hostile à nos principes et à nos institutions, n'était-elle pas d'une partialité évidente ? Toutes ses préférences n'allaient-elles pas à l'Autriche, n'était-ce pas de connivence avec cette dernière qu'elle avait provoqué la fermentation populaire ? Elle n'était point sincère. En dépit de ses protestations pacifiques, elle poursuivait des projets belliqueux, et on pouvait être convaincu que, si la fortune se retournait en faveur des troupes impériales, elle s'unirait à elles afin de combattre sans merci les Français dont elle avait juré l'anéantissement. Bonaparte, qui depuis le début de sa campagne inclinait, en toute circonstance, à suspecter la loyauté des Vénitiens, ne douta pas de l'existence d'un complot savamment préparé contre lui, et, pensant qu'il était temps de déployer son énergie, il envoya de Judenbourg son aide de camp Junot porter un ultimatum à la Sérénissime République (9 avril).

Junot arriva le 15 avril à Venise. C'était le samedi saint, jour où, d'après une pieuse tradition, étaient suspendues les affaires et chômaient les administrations. Mais il ne voulut admettre aucun délai, exigeant une réponse immédiate, sinon les relations seraient rompues. Il fut donc reçu aussitôt par le corps des sénateurs, en présence du doge assisté des sages et de ses conseillers, et lut la lettre suivante adressée par son maître au premier magistrat de l'État. « Toute la terre ferme de la Sérénissime République de Venise est en armes. De toutes parts, les paysans que vous avez armés et soulevés crient : *Mort aux Français.* Plusieurs centaines de soldats de l'armée d'Italie en ont déjà été victimes. C'est en vain que vous désavouez ces rassemblements, que vous-mêmes avez organisés. Croyez-vous que, dans le moment où je me trouve au cœur de l'Allemagne, je ne puisse pas faire respecter le premier peuple de l'univers ? Croyez-vous que les légions d'Italie souffriront les massacres que vous excitez ? Le sang de mes frères d'armes sera vengé. Il n'est pas un bataillon français, qui, chargé de cette noble mission, ne sente redoubler son courage et tripler ses forces. Le Sénat de Venise a répondu par la perfidie la plus noire à nos généreux procédés. Je vous envoie mon aide de camp pour vous remettre cette lettre, qui vous déclare la guerre ou la paix. Si vous ne vous empressez de dissoudre les attroupements, si vous ne faites arrêter et consigner en mes mains les auteurs des assassinats, la guerre est déclarée. Le Turc n'est pas sur votre frontière, aucun ennemi ne vous menace. Cependant, de dessein prémédité, vous avez fait naître des prétextes pour former un attroupement dirigé contre l'armée. Il sera dissipé dans vingt-quatre heures. Nous ne sommes plus aux temps de Charles VIII. Si, contre les intentions notoires du Gouvernement français, vous me réduisez à faire la guerre, ne croyez pas, qu'à l'exemple des assassins que vous avez armés, les soldats français dévastent les campagnes des innocents et malheureux peuples de la terre ferme. Je les protégerai et ils béniront un jour jusqu'aux crimes, qui auront contraint l'armée française à les soustraire au joug de leur tyrannique gouvernement. » A l'appui de cette sommation, il fut donné connaissance d'une note de Lallement, qui précisait les griefs de la France. C'étaient, en dehors des actes indiqués, l'attaque d'une frégate par un vaisseau vénitien, l'incendie de la maison de notre consul à Zante attribué à la malveillance, le maintien en captivité des Français et Polonais faits prisonniers à Salo. Sur tous ces points il était demandé satisfaction. Quant aux troubles de Bergame et de Brescia, Bonaparte offrait derechef sa médiation afin de restaurer l'ordre dans ces cités révoltées.

La brutale intervention du général en chef avait atterré les oligarques. Ils n'auraient jamais supposé avoir encouru à ce degré son courroux. Si les paysans s'étaient levés en masse, si l'État avait pourvu à leur équipement, n'était-ce pas un droit légitime, puisqu'il était nécessaire de ramener à l'obéissance des rebelles avérés ? Venise aurait-elle dû rester inactive devant un mouvement insurrectionnel qui menaçait de s'étendre à d'autres provinces ? Elle ne pouvait comprendre qu'on lui imposât l'élargissement des factieux pris les armes à la main, fussent-ils des étrangers. Cela ne confirmait-il pas tous ses soupçons au sujet des complicités françaises ; cela ne lui ouvrait-il pas les yeux sur l'*esecranda et turpe perfidia* de Bonaparte dont parlaient les rapports des podestats ? Sans doute des meurtres avaient été commis, de nobles victimes étaient tombées. Mais la République n'était-elle pas la première à le déplorer, n'était-elle pas disposée à punir sévèrement les coupables dès qu'ils seraient connus ? Dans tous les cas, elle n'eut pas un instant l'idée de résister, tellement elle désirait s'épargner une catastrophe.

Après avoir délibéré avec le Sénat, le doge Manini s'empressa d'écrire, ce même 15 avril, une
lettre à Bonaparte, dans laquelle il protestait,
au nom de la nation, de ses sentiments d'amitié
envers la France et s'engageait à satisfaire à ses
demandes (1). En même temps, une proclamation était adressée aux Vénitiens pour les inviter
au calme et au respect du nom français. Heureuse chose si ces paroles d'apaisement eussent
pu servir à écarter les méfiances et diminuer les
haines! Mais il n'en était rien. Loin de décroî-
tre, les rancunes contre Bonaparte et ses soldats
tendaient à devenir implacables. Pour qu'il en
fût autrement, il aurait fallu que les généraux se
montrassent eux-mêmes plus humains. Or ils ne
cessaient de traiter en pays conquis les villes et
les villages de la Vénétie. Les exécutions militaires, auxquelles ils avaient été obligés de procéder pour venger les assassinats de leurs
hommes, avaient semé partout la colère et
l'effroi. Il semblait ironique que, sur le passage
de ceux qui avaient toujours à la bouche les
mots de liberté et de fraternité, se multplias-
sent les réquisitions. les attentats à la propriété

(1) BOTTA, *Storia d'Italia dal* 1789 *al* 1814. — DARU, *Histoire
de la République de Venise.*

et les hécatombes. Les indigènes, citadins ou campagnards, goûtaient peu, on le conçoit, les prétendus libérateurs, dont les violences étaient un perpétuel démenti de leur langage.

Que de plaintes avait eu à formuler Querini depuis l'entrée de Bonaparte sur le territoire de la République ! Que de fois il avait appelé l'attention du Directoire sur la triste situation dans laquelle se débattait sa patrie ! Mais ses doléances n'étaient point écoutées. Ou l'on paraissait croire qu'il exagérait les excès du vainqueur, ou l'on se retranchait derrière les nécessités de la stratégie, ou l'on promettait d'aviser sans que jamais se produisît la moindre amélioration dans le sort des populations. A l'occasion, quand il était à court d'arguments, Delacroix lui répliquait avec hauteur, ayant l'air de s'étonner que le représentant d'une petite nation fût assez osé pour critiquer les agissements des armées républicaines (1). Aussi Querini, las d'essuyer des

(1) C'est ainsi qu'à une remarque de Querini sur les craintes des Bergamasques « d'être réduits à l'oppression », Delacroix répondit. « Permettez-moi de vous observer qu'un semblable soupçon, outre qu'il est dénué de vraisemblance, est injurieux à la nation française. Ses principes et ceux du Directoire, qui sont les mêmes, devraient être assez connus dans les États de Venise pour prévenir des doutes outra-

rebuffades et de constater son impuissance, songea-t-il à employer des moyens d'une espèce particulière. Il savait, les ayant vus à l'œuvre, combien étaient vénaux les fonctionnaires du Directoire et certains Directeurs eux-mêmes. S'il leur faisait miroiter l'appât des richesses, peut-être obtiendrait-il de meilleurs résultats. Ardent patriote, il avait surtout à cœur d'empêcher le démembrement de son pays. Pour cela il voulait que les maîtres de la France prescrivissent à Bonaparte d'évacuer Brescia, Bergame et Crema, ces villes révoltées qu'il était question, affirmait-il, de réunir dès maintenant au Milanais auquel elles avaient appartenu, et il ne pensait réussir qu'en achetant les concours dont il avait besoin. Les inquisiteurs, à qui il avait exposé son plan et parlé de dépenser six à sept millions, avaient acquiescé. Il ne restait plus qu'à communiquer ses propositions aux inté-

geants sur la loyauté de ses intentions. La France a pu vaincre ses ennemis, elle a usé du droit de conquête reconnu de toutes les nations; mais on ne l'a jamais vue usurper la moindre parcelle du territoire des puissances en paix avec elle, et vous savez, M. le Noble, qu'elle ne s'est déterminée à faire entrer ses troupes sur des États neutres que pour poursuivre des ennemis, qui, sans égard pour cette neutralité, avaient les premiers pénétré dans ces États. » (7 mars 1796.) *Archives Aff. ét.*, Fonds Venise, 253.

ressés. La chose était facile, puisqu'il avait à sa solde un individu fréquentant les cercles officiels. Querini se servait volontiers de pareils intermédiaires. Déjà, il avait utilisé un de ses compatriotes, le comte Zenobio, venu, après avoir été expulsé d'Angleterre, chercher un asile à Paris, et qu'il avait fait ensuite bannir en raison de ses allures compromettantes. Maintenant son agent secret était un Dalmate du nom de Wiscowitch, qui n'avait pas hésité à insinuer à Querini que, le cas échéant, l'argent serait de nature à faciliter ses négociations. Quand la combinaison eut été acceptée, il lui indiqua notamment un Directeur ayant de grandes exigences et qu'à défaut de désignation plus précise notre Italien supposait être Barras. Toutefois Querini ne le nomma pas dans sa correspondance, il disait simplement à son propos *uno Direttore*. C'était ce personnage influent dont on s'assurerait la collaboration et, pour commencer, il serait tiré à son profit une lettre de change de 700.000 livres sur la banque Pavallicini de Gênes. Mais Querini, en homme prudent, tint à avoir ses garanties. Il ne débourserait les fonds que si on lui présentait la copie authentique des instructions transmises à Bonaparte, en vue de l'évacuation désirée. Il se rendit même à cette intention chez Barras. Mais, soit que la somme souscrite fût jugée insuffisante, soit que l'intrigue fût une pure comédie imaginée par Wiscowitch, le ci-devant aristocrate ne lui exhiba qu'une déclaration non signée à en-tête directorial, écrite par son secrétaire, à laquelle il était difficile à un diplomate tant soit peu sérieux d'ajouter foi (1). Ainsi s'évanouissait pour Que-

(1) Mi portai dal Direttor Barras, che so esser presentemente ben disposto per possibilmente favorir tutto ciò che può interessar l'Ecc. Senato... Ho rassegnato che non mi fu più possibile di ricercar la copia autentica della lettera scritta dal Direttorio al general Buonaparte. Non potei neppure in seguito ottenerla, mentre il Direttore Barras, che era quello che deveva procurarmela, non credè di posserlo più far senza compromettersi... La sola cosa che potei ottenere si e la inchiusa dichiarazione, scritta per mano del suo segretario... Quello poi sta scritto in quella carta, che non ha per vero dire altra autenticita che la sola marca del Direttorio; me lo confermo poi a voce lo stesso Direttore Barras, assicurandomi che la lettera al general scritta era già da quattro giorni partita (*Archivio Veneto*). Voici quelle était la teneur du papier présenté à Querini : « M. le Noble Querini peut être assuré que le Directoire exécutif a écrit lui-même au général Buonaparte conformément à sa note présentée ci-joint. Le Directoire, de plus, a ordonné au ministre de la Guerre l'arrestation de deux officiers français, qui ont pris part dans les troubles des États de la République de Venise. Le ministre des relations extérieures a eu ordre de vous faire part des mesures amicales et pacifiques du Gouvernement français envers votre Gouvernement. »

rini l'espoir de gagner par la corruption le Directoire à ses projets.

Et même si celui-ci eût été décidé à pratiquer une politique de ce genre, il aurait fallu qu'il régnât un autre état de choses en Vénétie. Surtout les événements, permettant de plus en plus à Bonaparte de traiter en ennemie la Sérénissime République, ne devaient plus se renouveler. L'armement des paysans n'avait que trop déchaîné la fureur du général en chef ? Pourquoi y joindre les scènes de carnage qui allaient ensanglanter Vérone ou la destruction d'un bâtiment français au Lido ? Si Venise voulait être ménagée, que n'évitait-elle les incidents fâcheux ? Il est vrai qu'au paroxysme, où en étaient arrivées les passions populaires, elle ne pouvait plus répondre de l'avenir. Il est vrai aussi que, par suite des défiances entre les deux gouvernements, tout nouvel acte de violence amènerait irrévocablement la brouille. Les dirigeants étaient absolument désemparés. Alors qu'ils auraient dû prendre des résolutions viriles, ils ne savaient quelle ligne de conduite adopter. Le calme, qui présidait habituellement à leurs délibérations, les avait abandonnés. C'était au milieu de l'agitation et des reproches qu'on discutait les mesures de salut. Mais on ne parvenait pas à s'entendre et on multipliait les fautes, quand la moindre imprudence dans cette crise aiguë était grosse de conséquences. Pendant ce temps, l'adversaire épiait jalousement l'attitude des Vénitiens. Il s'applaudissait même de leurs torts qui favorisaient si bien ses desseins. Les rassemblements armés, les Pâques véronaises, la canonnade d'un équipage, n'étaient-ce pas pour Bonaparte autant de griefs à venger, autant de motifs de supprimer une nation dont les dépouilles aideraient à consoler l'Autriche des cessions, qu'on lui réclamait en Italie et en Allemagne ?

CHAPITRE VI (1)

LES PAQUES VÉRONAISES

Importance stratégique de Vérone. — Dureté de l'occupation
française. — Haines accumulées dans la population. —
Fermentation des esprits. — Le général Balland tire des
châteaux sur la ville. — Massacre général. — Cruauté des
Véronais qui assassinent les blessés dans les hôpitaux. —
Courage de quelques Véronais pour arracher des Français
à la fureur des habitants. — Impuissance des autorités à
calmer leurs compatriotes. — Départ du provéditeur et du
podestat. — Arrivée du provéditeur Erizzo. — Cessation
des hostilités à la suite d'une convention signée par le
général Kilmaine. — Les Esclavons et les paysans armés
quittent la ville. — Exécution du père Luigi Colloredo et
de quelques Véronais. — L'insurrection de Vérone fut
l'explosion de la colère des habitants, et non l'œuvre criminelle du Gouvernement vénitien.

De toutes les villes de la Vénétie occupées mi-

(1) Outre les archives des Affaires étrangères et de la République de Venise, nous avons utilisé pour ce chapitre les
récits de Daru et des historiens italiens Botta et Romanin,
particulièrement riches en détails intéressants.

litairement, aucune n'avait plus à souffrir que
Vérone. Le voisinage du Tyrol, sa situation sur
l'Adige, les trois ponts qui traversaient le fleuve,
ses forts puissamment armés lui donnaient une
importance stratégique considérable, et l'on
comprend que le belligérant installé dans ses
murs n'eût garde de s'en laisser chasser. Aussi,
après y être entré sans coup férir simplement en
effrayant un magistrat pusillanime, Bonaparte
n'avait-il cessé pour sa sécurité d'y entasser des
troupes. A chaque instant survenaient de nouveaux régiments qu'il fallait loger et nourrir.
Les impossibilités matérielles, le manque de
place, la misère des familles étaient des objections que se refusaient à admettre les Français.
Leurs généraux passaient outre à toutes les observations et menaçaient de leur vengeance qui-
conque tentait de se soustraire à des charges
écrasantes. Vérone n'était plus qu'un camp re-
tranché, elle regorgeait de soldats, elle en comptait dans toutes les maisons. Lazaret, châteaux,
églises, couvents d'hommes et de femmes, habi-
tations privées et édifices publics, pas un coin
de la cité qui ne reçût son contingent. Le
plébéien comme le patricien, le pauvre comme
le riche, le locataire d'un humble réduit comme

le propriétaire d'un palais, le vieillard infirme
et malade comme l'adulte plein de santé étaient
tenus d'héberger ces hôtes incommodes. Car
ceux-ci se montraient difficiles. Ils exigeaient
leurs aises, ils voulaient que leurs moindres
caprices fussent satisfaits et prétendaient disposer en maîtres de tout ce qui leur tombait sous
la main. Là où il y avait insuffisance de lits, les
particuliers devaient les leur céder et coucher
sur la dure; là où le bois de chauffage faisait
défaut, les sièges et les portes servaient de com-
bustible; là où l'espace était trop mesuré, le
malheureux habitant n'avait qu'à déguerpir et
chercher un asile au dehors. Ajoutez, pour com-
pléter les maux de la population, le vol et le pillage pratiqués à plaisir. La soldatesque ne res-
pectait rien. Elle arrachait les poutres, elle dé-
gradait les meubles et les objets de prix; en un
seul jour, dans le monastère de Sainte-Anas-
tasie, elle avait dérobé quarante lits. Et devant
cette dévastation, devant cet arbitraire, c'est à
peine si on avait le droit de se plaindre. Les
plaintes étaient une injure à la France au même
titre que la résistance. Mais, si la crainte des
représailles arrêtait les imprécations sur les
lèvres, une haine effroyable couvait dans les

cœurs, haine faite de toutes les souffrances endurées, de toutes les humiliations subies, de tous les intérêts sacrifiés, et qui allait se manifester d'une façon d'autant plus atroce qu'elle avait été plus longtemps comprimée. Nul parmi les Véronais qui n'eût les Français en horreur; malgré leur antipathie pour l'aristocratie de Venise, les nobles éprouvaient les mêmes sentiments d'aversion que les classes populaires et appelaient sur eux les malédictions du ciel. Les Autrichiens au contraire étaient les libérateurs après lesquels on soupirait, ceux dont la victoire apporterait le salut et amènerait la fin d'une odieuse oppression. Et c'était précisément pour écraser les Impériaux en Allemagne que Bonaparte, qui avait triomphé en Italie, avait été obligé de diminuer le nombre de ses garnisons dans les villes vénitiennes.

Vérone ayant ainsi senti s'alléger le fardeau de l'occupation militaire, on aurait pu espérer qu'une détente se produirait dans les esprits. Par malheur c'était le moment où éclataient les révoltes de Bergame et de Brescia, et les insurgés qui battaient le pays songeaient également à la révolutionner. On savait dans les conseils du gouvernement qu'ils comptaient pour réussir sur la complicité de nos troupes. Battaglia avait exprimé ses inquiétudes à ce sujet à Beaupoil, le chef de brigade qui commandait la citadelle, et, quoiqu'il en eût obtenu une réponse rassurante (1), il n'était guère confiant. Il l'eût été bien moins encore, s'il avait connu la correspondance de cet officier. N'était-ce pas lui qui écrivait en raillant à Delacroix : « Il faudra un peu de dextérité pour faire croire à Son Excellence Mgr le proveditore di Venetia que la république française ne s'empare de cette partie de son territoire que pour la mettre à même d'observer une exacte neutralité et de peur qu'il ne soit violé par les ennemis de nos bons alliés ? » N'était-ce pas lui qui déclarait à ce ministre : « Je suis certain que, si la république lombarde ou italique a lieu, il ne sera pas bien difficile de renfermer dans ses îles celle de Venise (2) » ? Autant d'aveux significatifs décelant

(1) ... « Je m'empresse de vous répéter que les Français étaient dans Vérone comme des passagers à bord d'un vaisseau, qu'ils ne se mêleraient pas de vos affaires. J'ai donné les ordres les plus stricts aux troupes, que j'ai l'honneur de commander, de se tenir aux postes que je leur ai assignés. Vous me trouverez toujours disposé à faire respecter les personnes et les propriétés » (26 mars 1797). *Archivio veneto.*

(2) Lettres des 26 septembre et 19 octobre 1796. *Archives Aff. ét.*, Fonds, Venise, 252.

des projets ambitieux ; autant d'invitations au Directoire à dénouer le lien rattachant des provinces à leur souverain légitime. Quant à Bonaparte, depuis que sa colère contre les Vénitiens s'était donné libre cours, il n'essayait même plus de dissimuler ses plans. A la date, où il envoyait son ultimatum au doge, il transmettait les instructions suivantes à Kilmaine : « A Bergame, à Brescia, à *Vérone*, à Padoue, à Trévise, à Bassano, vous organiserez une municipalité parmi les principaux citoyens, avec une garde qu'ils seront autorisés à se composer parmi les meilleurs patriotes pour leur police. » Et, afin que nul n'ignorât le sens de sa pensée, il avait adressé au peuple de terre ferme une proclamation dans laquelle il s'offrait à briser les chaînes forgées par ses gouvernants (1).

(1) Le Gouvernement du Sénat de Venise n'offre protection ni pour vos personnes, ni pour vos propriétés ; il vient, par suite de ce système qui le rend indifférent à votre sort, de s'attirer l'indignation de la République française. Je sais que n'ayant aucune part à son Gouvernement, je dois vous distinguer dans les différents châtiments que je dois infliger aux coupables. L'armée française protégera votre religion, vos personnes et vos propriétés. Vous avez été vexés par le petit nombre d'hommes qui se sont, depuis le temps de la barbarie, emparés du Gouvernement. *Si le Sénat de Venise a sur vous le droit de conquête, je vous en affranchirai ; s'il a*

Aussi les autorités de Vérone, conscientes de l'imminence du danger, avaient-elles demandé des secours et, à la suite de cette requête, deux mille Esclavons et quantité de paysans armés étaient venus se joindre aux autres défenseurs de la place. Mais ces hommes exaltés, ces soldats indisciplinés et fanatiques n'étant point des éléments modérateurs, la tranquillité publique avait tout à redouter de leur action. O ironie des choses, on leur confiait le soin de maintenir l'ordre et c'était dans leurs rangs que devaient se rencontrer les fauteurs de massacre. A la vérité, les événements qui se déroulaient dans la contrée environnante n'étaient guère de nature à apaiser les animosités nationales. On n'entendait parler que de rixes et de violences. Là où ils avaient l'avantage, les rebelles renversaient l'écusson de Saint Marc et molestaient les populations, demeurées fidèles au Sénat de Venise. D'un autre côté, on continuait à assassiner sur les routes ceux de nos compatriotes se trouvant

sur vous le droit d'usurpation, je vous restituerai vos droits. Quant aux insensés qui, conseillés par des hommes perfides, voudraient prendre part et attirer sur les villes les maux de la guerre, je les plaindrai et les punirai de manière à servir d'exemple aux autres et à les faire repentir de leur folie. » (Judenbourg, 9 avril 1797.)

sans défense, vengeance lâche, et partant doublement coupable, d'énergumènes qui faisaient expier à des innocents les fautes de leurs chefs responsables. Ne répétait-on pas que la France voulait opérer une révolution dans le seul but de saisir les propriétés et de ruiner la république? Plus les échos de ces rumeurs sinistres parvenaient à Vérone, plus le soupçon et l'exaspération s'emparaient des habitants. Le temps était fini où ces derniers refoulaient leurs rancunes au fond de leur âme et rongeaient leur frein en silence. La vue des Esclavons leur inspirant courage, ils exhalaient maintenant bruyamment leur indignation, et les Français, irrités d'être accusés des pires méfaits, ripostaient par des injures ou des coups. C'est pourquoi deux partis s'étaient formés dans la ville, partis remplis l'un pour l'autre d'une haine irréconciliable, plus terrible que celle qui avait mis autrefois aux prises les Montaigus et les Capulets. Il ne s'agissait pas comme jadis de deux familles rivales, divisées simplement par des jalousies, mais de deux nations en antagonisme absolu qui représentaient des principes et des intérêts diamétralement opposés — l'une amoureuse des nouveautés les plus hardies, l'autre gardienne exagérée du passé; l'une proclamant l'égalité, l'autre se cramponnant obstinément à des privilèges surannés ; l'une audacieuse et rêvant de conquérir le monde à ses idées, l'autre timide et se complaisant dans son isolement. En présence de ces divergences radicales, aggravées par des excès réciproques, la coupe des griefs débordait, et, à moins que l'un des deux adversaires ne tendît loyalement à l'autre le rameau d'olivier, une catastrophe semblait fatale. Pour la conjurer, le général Balland, qui avait été investi récemment du commandement, pria le provéditeur Giovanelli d'employer son influence à calmer les esprits. Celui-ci de répliquer qu'il n'avait rien de plus à cœur, que ses efforts avaient toujours prouvé son désir de pacification. Mais il se plaignit de l'appui prêté par les Français aux insurgés ; sans eux, sans leur concours, aucun soulèvement n'aurait été possible et on n'en serait pas à déplorer une effervescence qui grandissait à chaque instant.

Cependant Balland avait arrêté ses dispositions pour n'être point surpris par une attaque inopinée. Maître des châteaux, il l'était aussi des portes et ses canons prêts à tirer étaient braqués sur la cité, quand, le lundi de Pâques (17 avril

1797), après une altercation où quatre de ses soldats furent frappés mortellement, il commanda le feu. Au bruit de cette décharge d'artillerie qui avait démoli la toiture du palais des Scaliger, les Véronais ne purent se contenir, et alors commença un carnage pour lequel, suivant les expressions de Schiller décrivant le sac de Magdebourg, « l'histoire n'a pas le langage ni la poésie de pinceau ». De toutes les créatures l'homme qui s'abandonne à la rage de ses passions homicides est la plus cruelle et dépasse souvent en férocité la bête. Encore s'il est seul reculera-t-il parfois, sous le poids du remords ou d'un reste de commisération, devant la perpétration d'un crime trop monstrueux. Mais une foule en délire ne connaît pas de ces scrupules. Insensible à la moindre pitié, la vue du sang l'enivre et l'affole. Il n'est pas d'abominations qu'elle ne commette, de pures victimes qu'elle ne cherche à immoler à sa fureur, de raffinements de cruauté dont elle ne se délecte. Plus elle a tué, plus elle veut tuer. On s'en aperçut hélas ! dans ces journées épouvantables, où toute une population s'acharna contre les Français qu'elle aurait été heureuse d'exterminer jusqu'au dernier. La canonnade fut le signal d'un massacre général. Les obus n'avaient pas été plus tôt lancés de la citadelle que le peuple, hors de lui, se rua sur ces malheureux. On les poursuivait dans les rues, on les attaquait des fenêtres des maisons, on ne leur faisait aucun quartier. Le fusil, le stylet, le sabre, la hache, les pierres, les poutres, toutes les armes, tous les moyens servaient à l'exécution des vengeances. Les instincts pervers étaient si déchaînés que des femmes, des enfants mêmes devenaient des bourreaux. On aurait dit que chacun, sans distinction de sexe ni d'âge, se piquait d'honneur de courir sus à ces étrangers exécrés. On croyait être patriote, on croyait être justicier en jouant contre eux du poignard ou du mousqueton. Pourtant qu'avaient de commun le patriotisme et la justice avec cette boucherie répugnante?

Le tocsin, qui retentissait lugubrement au milieu des clameurs de mort, contribuait à augmenter l'horreur de ces scènes affreuses. C'était l'appel aux hésitants, c'était l'ordre à tous les citadins de participer à l'œuvre d'extermination. Les infortunés Français n'en étaient que plus éperdus. Assaillis de toutes parts, ils ne savaient comment échapper à la poursuite de leurs meurtriers. Les uns se précipitaient vers les forts où était le salut; les autres, trop éloignés de ces refuges, tâchaient de se cacher le mieux qu'ils pouvaient. Mais il n'y avait pas de retraite, d'endroit écarté qui ne fussent fouillés. Les lois de l'hospitalité n'étaient plus observées. Des habitants massacraient eux-mêmes leurs hôtes ou les livraient aux assassins; et ceux qui prétendaient les protéger étaient insultés et menacés dans leur vie. Les sentiments les plus élémentaires d'humanité paraissaient ignorés. D'ordinaire, la maladie est sacrée. Qui songera à toucher à un être paralysé par la fièvre! Qui aura la lâcheté de torturer un pauvre agonisant! Est-ce que le râlement morbide, est-ce que les lamentations du souffreteux sur son grabat ne désarment pas les haines les plus implacables? Ici il n'en fut rien. Et, si on épargne les blessés sur les champs de bataille, on n'épargna pas à Vérone les malades dans les hôpitaux. Se rappelant qu'il y avait de nombreux militaires invalides, des forcenés envahirent les asiles où ils reposaient et, sans souci de leurs supplications, sans émotion devant leur faiblesse, eurent la barbarie de les assommer sur leurs lits de douleur. L'aspect de la ville était navrant; à chaque pas on se heurtait à un cadavre. Ils s'entassaient sur les prome-

nades, ils gisaient dans les carrefours, ils flot-
taient sur l'Adige. Et, comme le meurtre est
habituellement accompagné de rapines, la populace, après avoir si bien assassiné, saccagea le
quartier des Juifs réputés partisans des Français.

A côté de ces crimes révoltants il se produisit
heureusement des actes admirables de dévouement. Des hommes s'interposèrent en faveur de
leurs semblables. On les vit s'efforcer d'apaiser
par leurs prières la colère des violents ou, quand
leur éloquence était impuissante, leur opposer
le rempart de leur corps. Héros obscurs dont
les noms pour la plupart sont demeurés incon-
nus, mais qui n'en personnifient pas moins le
courage, la générosité et la grandeur d'âme !
Qu'il suffise de citer les comtes Nogarola et
Alexandre Carlotti. Tous deux aimaient passion-
nément leur pays, tous deux combattaient énergiquement contre la France, mais ils ne pensaient pas que l'amour de la patrie les obligeait
de traiter inhumainement leurs ennemis et ils
s'honorèrent en protestant par leur conduite
chevaleresque contre les cruautés de la foule.

Tandis que les Véronais tuaient sans se lasser,
la garnison française retranchée dans les châteaux criblait la cité des projectiles de son artil-

lerie. Elle tirait à coups d'autant plus redoublés qu'elle-même avait à subir l'assaut du peuple en armes. Étroitement assiégé, la situation du général Balland était des plus critiques ; s'il ne recevait promptement des secours, il y avait à craindre qu'il ne succombât dans une lutte inégale. Les portes de Vérone ne lui appartenaient plus ; les Esclavons s'en étaient emparés. A celle de San Zeno notamment avait eu lieu un combat acharné à l'avantage du comte François des Émiles, qui avait pu ainsi introduire dans la place des troupes toutes fraîches venant de Castelnuovo. Il n'y avait plus rien à espérer en vue de l'accalmie du concours des autorités. Les passions sanguinaires étaient trop excitées pour que leur voix fût écoutée, et toute tentative de ramener les esprits à la modération était vouée d'avance à un échec certain. La preuve n'en éclata-t-elle pas dans la façon dont furent accueillis les parlementaires français qui se rendirent chez le provéditeur. Désireux de mettre un terme à la canonnade, ce fonctionnaire avait arboré le drapeau blanc dès le premier jour. Le feu des forts Saint-Pierre et Saint-Félix, puis celui de la vieille citadelle ayant alors cessé, Balland avait envoyé Beaupoil et plusieurs officiers s'aboucher avec Giovanelli. Mais, loin de respecter l'inviolabilité de leur caractère, des énergumènes se jetèrent sur eux et saisirent même le chef de brigade par les cheveux.

Cependant les scènes de carnage et de bombardement ayant recommencé le lendemain, le provéditeur tenta un nouvel essai de pacification. Trois heures lui furent accordées à cette intention. Seulement, comme Balland exigeait le désarmement des paysans, le renvoi d'une partie des Esclavons et le rétablissement de ses communications, il fut impossible de s'entendre. Non que Giovanelli se montrât intraitable; personnellement, il était résigné à toutes les concessions. Mais il n'était plus libre d'agir à son gré. Et les Véronais, qui comptaient sur l'appui de l'Autriche dont une armée commandée par Laudon descendait du Tyrol, lui signifièrent leur volonté de résister jusqu'à la mort. Aussi désespérant d'arriver à une solution et se sentant de plus en plus débordé par la fureur populaire, Giovanelli abandonna la ville, suivi du podestat Contarini. Du coup l'effervescence ne fit que s'accroître. Quand le matin du 19 avril la foule apprit ce départ opéré dans la nuit, elle déclara qu'il fallait escalader les châteaux, et on assista au spectacle d'une multitude se ruant, dans une poussée formidable, à l'assaut des positions de l'adversaire. Vainement la mitraille décimait-elle les rangs des assaillants, leur intrépidité ne fléchissait pas un instant. La vue des foyers d'incendie, qui sous la grêle incessante des boulets se multipliaient sur tous les points, avait porté leur rage au paroxysme. Partout retentissaient des cris sauvages, des paroles de vengeance, des appels au meurtre ; et ces exhortations guerrières transformant les plus timides en fous furieux, malheur aux Français rencontrés sur leurs pas ; ils étaient impitoyablement égorgés.

Toutefois Vérone n'était pas restée longtemps sans magistrats. Sur l'ordre du Sénat, Erizzo, le provéditeur de Vicence, y était entré, ramenant avec lui les deux fugitifs. A son tour, il prêcha le calme. Mais, dédaigneux de ses conseils, les Véronais continuèrent à combattre. Persuadés que les Impériaux ne tarderaient pas à approcher, ils croyaient à la victoire finale. Dans leurs transports il voyaient déjà leur indépendance reconquise et la cité délivrée des maudits étrangers. Leur illusion dura peu. A la vérité, un général autrichien apparut le 23 parmi eux. Mais, à la place de Laudon avec ses régiments aguerris, de ce Laudon si désiré, ce fut Neipperg tout seul qui venait informer Balland des préliminaires de paix, signés à Leoben le 18 avril précédent entre l'empereur et Bonaparte. Cet événement permettait enfin aux Français de respirer. Jusqu'ici tout avait conspiré contre eux. Ils étaient bloqués; les vivres leur manquaient, les renforts qu'ils attendaient ne se présentaient pas. Et, quand le 21 le général Chabran était accouru avec un détachement de 1.200 hommes, les Esclavons l'avaient arrêté aux portes. Il eut beau parlementer, en appeler à la conciliation, on répondit à ses discours par la fusillade. Maintenant que le peuple connaissait la trêve avec l'Autriche et savait ne plus pouvoir obtenir ses secours, sa confiance était très ébranlée. C'était même un désenchantement complet. Avoir tant escompté le triomphe et se trouver acculé à une capitulation, n'y avait-il pas de quoi décourager les plus braves? D'ailleurs, les nouvelles qui parvenaient du dehors n'étaient guère rassurantes. On disait que Kilmaine s'avançait avec des forces considérables, que derrière lui marchait le corps de Victor, son lieutenant, et que Lahoz avait détruit les bandes de montagnards rassemblés autour de l'Adige.

Dans ces conjonctures la résistance devenait difficile ; si elle persistait à se défendre, vraisemblablement Vérone était condamnée à périr. Aussi, après l'opposition indomptable de la veille, n'y eut-il plus qu'une voix pour demander à traiter.

A cet effet trois négociateurs, Rocco San Fermo, François des Emiles et Garavetta, furent dépêchés à Balland. L'éloignement des paysans et des Esclavons, leur remplacement par des troupes françaises, le désarmement des habitants, la remise d'otages comme garantie de l'exécution du contrat, telles furent les conditions exigées du commandant de la citadelle. Le provéditeur, auquel elles furent communiquées sans délai, y consentit. Seulement il voulut que, par une clause spéciale, on s'engageât à respecter la vie et les propriétés des citadins. Mais Kilmaine, qui venait d'arriver et avait l'autorité suprême, refusa de donner cette promesse. Non qu'il eût l'intention de passer la ville au fil de l'épée, des représailles si horribles étaient loin de son esprit. Il était résolu toutefois à faire expier aux principaux coupables un carnage qui était le crime de toute une population et tenait par conséquent à ne pas se lier les mains par une générosité, jugée à son sens excessive.

Navrés de ce refus et ne pouvant se décider à conclure une convention sur de semblables bases, Giovanelli et Contarini cherchèrent derechef à se dérober par la fuite aux responsabilités de leur charge. Ces fonctionnaires avaient une étrange façon de comprendre leur mission. Qu'ils repoussassent un pacte qui ne sauvegardait suffisamment ni les biens ni les existences de leurs compatriotes, rien n'était plus légitime. Mais ils ne devaient à aucun prix déserter leur poste. Leur présence était nécessaire pour empêcher l'inquiétude de grandir, dissiper les préventions du vainqueur et veiller sur le sort des otages. Rien d'étonnant alors si leur conduite fut sévèrement blâmée par leurs administrés, qui leur reprochèrent d'avoir eu trop souci de leur sécurité, pendant qu'ils se désintéressaient d'eux et les laissaient exposés à la vindicte de l'adversaire. Les négociations ne s'en poursuivirent pas moins. Une municipalité s'acquitta de cette tâche et souscrivit aux exigences de Kilmaine, si pénibles qu'elles fussent. C'était l'unique moyen d'éviter un anéantissement certain. Ainsi se termina cette insurrection que l'Histoire a surnommée les Pâques véronaises par comparaison avec les Vêpres siciliennes, qui, cinq siècles auparavant, avaient ensanglanté Palerme, également la semaine pascale (30 mars 1282). La domination de Bonaparte était aujourd'hui aussi insupportable à la Vénétie que le fut jadis à la Sicile celle de Charles d'Anjou. Pauvre Italie ! N'était-ce pas dans ses destinées d'être toujours foulée par le pied de l'étranger. C'est pourquoi les Véronais se levèrent contre leurs oppresseurs et, faute d'avoir la possibilité de frapper à la tête, ils s'en prirent à d'obscurs subalternes, nullement responsables des maux dont ils souffraient. Mais la foule, quand elle est déchaînée, raisonne-t-elle ? Ce qu'il lui faut, ce sont des vengeances et elle se jette, pour les assouvir, sur ceux les ayant le moins méritées et qui ne sont que des faibles sans défense.

Les Esclavons et les paysans armés durent donc céder la place aux Français, lesquels trouvèrent les habitants d'autant plus abattus que ceux-ci avaient un moment espéré être débarrassés à jamais d'une tyrannie détestée. Était-ce bien la peine de s'être livrés à de tels excès pour retomber sous le joug ? Qu'avaient-ils gagné à se soulever, sinon de voir les généraux de Bonaparte procéder à l'arrestation des auteurs du

mouvement ! Des Italiens, appartenant au parti
des patriotes, ne rougirent pas dans cette circonstance de se faire contre leurs concitoyens les
pourvoyeurs des conseils de guerre. Ils indiquaient eux-mêmes les hommes à emprisonner.
Singulière manière de pratiquer la fraternité des
peuples que de dénoncer ses frères ! Certes les
Véronais avaient été criminels, mais ce n'était
pas à des nationaux à faciliter les recherches du
justicier. Que ne laissaient-ils ce dernier agir de
sa propre initiative ! Ils se seraient épargné une
honte dont on ne leur demandait pas de se
couvrir.

Un des premiers parmi les individus arrêtés
fut un capucin, le Père Luigi Colloredo, qui,
pendant ces journées tragiques, n'avait cessé de
prêcher la résistance aux Français. Il l'avait fait
avec une conviction ardente, les dépeignant
comme des impies abominables dont la religion
avait tout à craindre. Il rappelait la persécution atroce qui sévissait sur le clergé de France,
les profanations que leurs bandes avaient com-
mises dans la Péninsule, les hostilités contre le
pape, et déclarait qu'il fallait les chasser au
plus vite de la Vénétie. Ce moine était une âme
simple, qui dans sa conscience disait les choses

comme il les pensait. Il aurait dû comprendre
toutefois que son caractère sacré lui commandait
de calmer une population vindicative, au lieu de
l'exciter jusqu'au délire. Du moins, devant la
commission militaire à laquelle il fut déféré, ne
tenta-t-il pas par des subterfuges ou des dénéga-
tions de pallier son rôle influent. Il répéta que,
les Français étant les ennemis de Dieu et de sa
patrie, il se glorifiait de les avoir désignés à la
colère des Véronais ; son seul regret était de
n'avoir pas mieux réussi à en délivrer la cité.
Pour lui, il ne redoutait pas la mort ; il la désirait même de toutes ses forces si elle pouvait
servir à mettre un terme aux malheurs de son
pays. Ce fier langage n'était pas de nature à lui
mériter l'indulgence de ses juges. Aussi fut-il
condamné au châtiment capital qu'il subit avec
le plus grand courage. Le même traitement fut
infligé à François des Emiles, Auguste Vérita et
Malenza, trois personnages de marque accusés
d'intelligence avec l'Autrichien Laudon pour
obtenir le concours de ses régiments. Puis,
quand les balles des pelotons d'exécution eurent
vengé les assassinats des Français, ce fut à la
ville à réparer les pertes matérielles qu'ils avaient
essuyées. Kilmaine n'avait rien négligé. Il devait

être payé à l'armée une indemnité de 170.000 sequins ; en outre les effets des monts de piété d'une valeur supérieure à cinquante francs, l'argenterie des églises et les trésors des établissements publics étaient confisqués au profit du Directoire. Si les Véronais étaient sévèrement punis, ils étaient mal venus à se plaindre. Ne s'étaient-ils pas attiré gratuitement les rigueurs du vainqueur par les meurtres affreux dont ils s'étaient rendus coupables ? N'avaient-ils pas violé à son égard les lois les plus élémentaires de l'hospitalité ? Ne s'étaient-ils pas comportés en adversaires barbares et déloyaux, auxquels il est difficile de pardonner ?

Mais ce massacre était-il préparé de longue date ? Le gouvernement en était-il l'auteur ? Avait-il mis tout en œuvre pour le déchaîner au moment opportun ? Les Français l'ont prétendu alors, mais ils n'en ont jamais fourni la preuve. Leurs affirmations ne sont que des suppositions ou de ces arguments spécieux manquant de solidité et nullement convaincants. Car ce n'est point parce que le Sénat, au lendemain des révolutions de terre ferme, a favorisé l'armement des paysans qu'il avait l'intention de les pousser à égorger nos troupes. Son but n'était autre que de combattre les insurgés, et personne ne contestera que cette façon d'agir était un droit absolument légitime. Aurait-il été interdit par hasard aux autorités légales d'empêcher la révolte de gagner du terrain, d'opposer à la coalition des citoyens rebelles celle des défenseurs de la souveraineté de l'État? Qu'on n'allègue pas non plus la haine implacable dont étaient l'objet nos soldats, les récriminations que provoquaient leurs exactions, le désir d'en finir avec une domination abhorrée. Toutes choses qui, si elles expliquent les violences auxquelles se livra à Vérone une population opprimée, ne prouvent nullement la complicité des patriciens de Venise. Ce serait un acte si contraire à leur circonspection, si peu conforme à leur politique calme et timide que, pour y croire, il faudrait en avoir la certitude indéniable. Or rien n'est moins concluant que les raisons données. Dira-t-on que la coïncidence de la mobilisation des montagnards avec l'éloignement de Bonaparte était fort suspecte, qu'elle dénotait la duplicité du Sénat profitant pour nous attaquer de la diminution de nos forces ? Mais le Sénat n'ignorait pas que le triomphe de la Sérénissime République dépendait de la victoire de l'Autriche et, après les défaites répétées de celle-ci, il ne pouvait sérieusement dans sa sagesse compter sur un semblable dénouement. En tout cas, si, en dépit de tous les événements, il espérait sur le succès de l'empereur, il aurait attendu que ce succès couronnât ses efforts avant d'organiser des massacres ressemblant à une véritable déclaration de guerre. Et c'est le gouvernement pacifique par excellence, le gouvernement resté sourd aux sollicitations du cabinet de Vienne et de l'Angleterre, et inébranlablement attaché à sa neutralité quand toute l'Europe s'était retournée contre la France, qui se serait lancé à la légère dans une si folle aventure. On n'imagine pas pareille aberration. Mais un général vénitien, écrivait Kilmaine, se serait écrié quelques semaines auparavant: « L'Italie a toujours été le tombeau des Français, il n'en sortira pas maintenant un seul en vie. » Ne serait-il pas singulièrement téméraire de baser l'existence d'un complot tramé par les dirigeants sur cette unique menace? D'ailleurs une parole de ce genre prêtait à bien des sens. Elle pouvait signifier la confiance en un avenir meilleur, l'espoir de voir un jour battues les armées de Bonaparte autant qu'un guet-apens criminel. Mais les podestats, affirme-t-on encore, avaient signé avec les assassins un arrangement, grâce auquel, en abandonnant à ces fonctionnaires la moitié du produit de leurs vols, il leur était loisible de tuer et de piller. Racontar absurde, colporté par la malignité publique et à l'appui duquel on serait assez embarrassé de citer le moindre fait.

Ne sait-on pas que l'émeute de Vérone fut amenée par l'explosion de la colère des habitants, comprimée depuis des mois et devenue féroce à la suite de la canonnade des châteaux ? Sur la cruauté des Véronais, sur les atrocités inouïes dont ils souillèrent leurs mains, tout le monde est unanime ; les historiens italiens les flétrissent aussi énergiquement que les écrivains français. Mais accuser formellement les oligarques d'avoir prémédité le meurtre et le pillage, n'est-ce pas forcer la note, n'est-ce pas trop volontiers ajouter foi à des récits inspirés par la passion ? Bonaparte lui-même, si prompt à s'indigner, ne fit point un *casus belli* des Pâques véronaises. S'il en parla, ce fut incidemment pour les comprendre dans l'ensemble des griefs qu'il avait contre les Vénitiens. Elles l'émurent beaucoup moins, qu'elles n'impressionnèrent l'opinion de la Péninsule. La quasi-rupture qui éclata entre les deux nations fut causée par l'attaque d'un vaisseau au Lido, et non par cette insurrection sanglante. Or comment supposer que Bonaparte eût hésité à traiter la république en ennemie déclarée, s'il avait eu la preuve de la complicité des gouvernants ? Comment admettre qu'il se fût contenté des conditions de Kilmaine, quand il avait tant intérêt à susciter à cet État une querelle permettant de le supprimer complètement ? N'était-ce pas le moment où à Leoben il avait cédé à l'Autriche, pour la dédommager de ses pertes, une partie des provinces vénitiennes ? Quelle occasion d'y joindre immédiatement la capitale et d'augmenter le lot de la France, s'il était établi qu'à Vérone le Sénat avait failli à ses devoirs ! Pas plus que celui-ci, les autorités locales ne furent criminelles. Assurément elles ne se montrèrent pas à la hauteur de la situation ; leur pusillanimité avait été fâcheuse. Néanmoins, loin d'encourager le peuple au massacre, elles avaient cherché à le calmer. Leur erreur était de n'avoir pas éloigné de la ville des éléments dangereux. Mais leur patriotisme ne leur faisait pas ainsi envisager les paysans armés, qui représentaient à leurs yeux l'ordre et la sécurité contre les soldats de Bonaparte auxquels on attribuait des intentions perverses. Elles comptaient sur eux pour annihiler l'influence du belligérant et l'empêcher de provoquer des événements révolutionnaires comme à Bergame ou à Brescia. La fatalité voulut que le général Balland commençât trop précipitamment, sans avis préalable, le bombardement. Alors ces hommes, dont le cœur était plein de rancunes, se changèrent en affreux meurtriers, devant qui provéditeur et podestat se trouvèrent impuissants. S'ils eussent été sur les lieux, les patriciens de Venise auraient-ils été plus heureux? Auraient-ils réussi à arrêter ces scènes de carnage? Il est difficile de répondre. En tout cas elles ne rejaillirent pas sur leurs personnes. Les esprits réfléchis ne songèrent point à les incriminer, et l'histoire impartiale attend toujours après un siècle la démonstration de leur culpabilité. L'accusation n'a jamais reposé que sur les allégations des victimes justement exaspérées, mais dont la passion altérait l'indépendance de jugement. Ne suffit-il pas qu'un grand crime ait été commis contre les Français, sans qu'on vienne encore en rendre responsable le gouvernement vénitien tout entier?

CHAPITRE VII

LA CHUTE DU GOUVERNEMENT ARISTOCRATIQUE

I

Attaque d'un aviso français au Lido. — Responsabilités. — Entrevue à Gratz, avec Bonaparte, des députés vénitiens. — Colère de Bonaparte. — Imminence de la guerre. — Arrestation des inquisiteurs. — Réunion chez le doge en vue de la modification du Gouvernement. — Opposition de Pesaro. — Le grand conseil abdique ses pouvoirs dans les mains d'une municipalité provisoire. — Violences de la population. — Intervention de Villetard, secrétaire de la Légation de France. — Entrée des Français à Venise. — Traité de Milan. — Caractère illégal du changement de Gouvernement. — Différend entre Villetard et Lallement. — Arrestation de d'Antraigues. — Fin de la mission de Querini. — Anarchie de l'État de Venise. — Les Autrichiens s'emparent de l'Istrie et de la Dalmatie, tandis que les Français occupent les îles de l'Archipel. — San Fermo appelé à remplacer Querini. — Procès des inquisiteurs. — Fin de la République de Venise. — Déception des Vénitiens.

Pendant que la terreur régnait à Vérone, il se passait à Venise un événement qui allait avoir les plus graves conséquences pour la république. En vertu des lois de l'État il était interdit aux bâtiments de guerre étrangers d'entrer dans le port. Cette loi était si formelle que les Anglais s'y étaient toujours conformés. Or le 20 avril, l'aviso français *le Libérateur de l'Italie* ayant eu à lutter avec une flottille autrichienne se présenta devant le Lido, et, malgré les avertissements des vigies, prétendit forcer le passage de Saint-Nicolas. Sur les sommations d'un officier dépêché à son bord, il consentit enfin à stopper et, après avoir salué les châteaux de neuf coups de canon, jeta son ancre sous leurs murs. Mais ordre lui fut signifié de partir et, comme il refusait d'obéir, on dut ouvrir sur lui le feu des batteries du rivage.

Si les choses en fussent restées là, les Vénitiens auraient eu le bon droit de leur côté. A moins de nier la souveraineté d'un pays et de dire que le plus fort, s'il la trouve gênante, a raison de la violer, on ne voit pas pourquoi il leur eût été défendu d'imposer par la force, à défaut d'autre moyen, le respect de leurs eaux territoriales. Malheureusement, au lieu de laisser le navire se retirer, une bande d'Esclavons montés sur des chaloupes l'assaillit de toutes parts et engagea au sabre et au fusil un combat avec son équipage. Outre le capitaine Laugier, cinq matelots furent frappés mortellement, sans compter une quinzaine de blessés. Puis ces hommes féroces s'amusèrent à mutiler l'un des cadavres et, ayant aussi peu d'égards pour la propriété que pour la vie humaine, terminèrent par le pillage leurs exploits sanguinaires. Le commandant Pizzamano, préposé à la surveillance des côtes, s'empressa d'adresser sur l'affaire son rapport au Sénat. Mais il le rédigea d'une façon si partiale que Bonaparte ne put s'empêcher de l'appeler *un tissu de mensonges*. C'était bien de dénoncer la conduite de Laugier et de se vanter de l'avoir obligé à s'incliner devant les règlements en vigueur : seulement il fallait raconter en toute sincérité le rôle joué par les Esclavons. Or un tel récit aurait donné tort aux soldats de la Sérénissime République, et c'est ce que ne voulait pas Pizzamano. Car, si dès le début la culpabilité des Français était certaine, elle s'effaçait devant l'horreur du crime dont ils avaient été victimes. Les grands coupables étaient ces forcenés qui n'avaient pas craint de tuer et de piller à plaisir. Le Sénat ne paraissait pas s'en douter, puisqu'il commença à protester auprès du ministre de France contre les agissements de l'aviso. Mais Lallement n'eut pas de peine à rétablir la vérité et, faisant remarquer que le *Libérateur de l'Italie* avait été attaqué juste au moment où il levait son ancre, il flétrit avec indignation le massacre commis à bord d'un bâtiment d'une nation en paix avec la Vénétie et se plaignit vivement de la mauvaise foi du commandant du Lido, qui par ses fausses allégations avait réussi à tromper son propre gouvernement (1).

Quelle amère déception pour le Sénat, dont le premier soin avait été de féliciter Pizzamano de ses efforts à arrêter un vaisseau, violateur des lois vénitiennes. Il était contraint maintenant de le désavouer, sinon on l'accuserait de complicité dans tout cet événement. Comment cependant désarmer la colère de Bonaparte ? Comment échapper à ses vengeances ? Il pensa ne pouvoir mieux agir qu'en lui fournissant des explications embarrassées par l'intermédiaire des deux députés Léonard Giustiniani et Dona qui, dès le lendemain de son ultimatum au doge, avaient été envoyés à son quartier général. Mais,

(1) *Archives Aff. ét.*, Fonds Venise, 253. — BOTTA, *Storia d'Italia dal 1789 al 1814.* — ROMANIN, *Storia di Venezia.*

quand ceux-ci le rencontrèrent le 25 avril à Gratz, la nouvelle du grave incident du Lido ne leur était pas encore parvenue, et l'accueil à eux fait par Bonaparte qui l'ignorait également devait être plutôt pour l'avenir d'un assez fâcheux présage. Chargés de lui confirmer les paroles pacifiques du chef de leur République, ils trouvèrent un homme profondément irrité, de la bouche duquel sortit un violent réquisitoire à l'adresse du peuple vénitien. Il incrimina sa perfidie, parla avec amertume de l'hostilité dont les Français étaient partout l'objet, signala l'esprit malveillant de la capitale, l'attitude incorrecte du représentant de l'Angleterre qui affectait de se montrer avec la cocarde de Saint-Marc, reprocha aux gouvernants de n'avoir pas mis en liberté tous les prisonniers de l'échauffourée de Salo, y compris les indigènes rebelles, de se refuser aussi d'élargir les citoyens emprisonnés à cause de leurs seules opinions politiques, et menaça finalement d'être un Attila pour Venise si elle ne revenait à de meilleurs sentiments et ne suivait pas mieux ses avis. Puis, joignant le sarcasme aux anathèmes, il plaisanta sur les plombs, ces cachots fameux du palais ducal, sur la torture, le pont des soupirs, le

canal Orfano où l'on noyait les corps des supp-
pliciés, railla la police, sa manie de flairer en
chaque partisan du progrès un dangereux conspirateur, et taxa l'inquisition et le Sénat d'institutions d'un autre âge dont la suppression était
nécessaire (1).

Après cette entrevue, Giustiniani et Dona
reprirent tout penauds le chemin de leur pays.
Ils ne tardèrent pas à apprendre en route la
scène tragique qui s'était déroulée au Lido et en
informèrent par lettre Bonaparte ; puis l'atten-
dirent à Palma-Nova, désireux de plaider en sa
présence les intérêts de leur patrie. Mais ce dernier ne voulut pas les recevoir et exigea avant
toute conférence l'arrestation du commandant
Pizzamano, qui avait donné l'ordre aux batteries
de tirer, et des trois inquisiteurs rendus responsables de tous les malheurs arrivés à la France.

Bonaparte en effet était absolument déchaîné
et ne rêvait que châtiments éclatants. « Les Vénitiens, avait-il écrit aussitôt au Directoire, se con-
duisent tous les jours de plus en plus mal ; le
massacre qu'ils viennent de faire du citoyen Laugier, est *la chose la plus atroce du siècle...* Si le

(1) DARU, *Histoire de la République de Venise.*

sang français doit être respecté en Europe, si vous voulez qu'on ne s'en joue pas, il faut que le noble amiral vénitien qui a présidé à cet assassinat soit publiquement justicié. » En même temps, s'étonnant de la passivité de Lallement, il l'invectivait en ces termes :« Le sang français a coulé dans Venise, et vous y êtes encore. Les Français ne peuvent plus se promener dans les rues, ils sont accablés d'injures et de mauvais traitements, et vous restez simple spectateur. » Ses intentions ne laissaient pas d'être significatives, il cherchait à rompre avec la République. Pour qu'aucun doute ne subsistât, il publia un manifeste où il sommait les fonctionnaires de terre ferme de l'évacuer sur-le-champ et prescrivait à ses généraux de traiter en ennemies les troupes nationales et d'abattre dans toutes les villes le lion de Saint-Marc. Mais Bonaparte, si habitué à être obéi, ne fut pas peu surpris de se heurter à l'énergique résistance d'Ange Giustiniani, le provéditeur de Trévise, qui, malgré des menaces de mort, entendit n'abandonner sa résidence que sur l'invitation de son gouvernement (1). En somme la guerre était dans l'air ; si

____

(1) Bonnal, *Chute d'une République.*

le vainqueur n'obtenait pas en tous points satisfaction, il la déclarerait de suite.

La Seigneurie ne pouvait différer d'accorder
les réparations demandées. Avant de quitter son
poste, Lallement avait notifié des injonctions qui
ne souffraient pas de réplique. Aussi le Sénat
s'exécuta-t-il. Il lui fut néanmoins fort pénible
de sévir contre les inquisiteurs, frappés en réalité pour avoir aidé à l'armement des paysans.
Mais en quoi avaient-ils failli ? N'avaient-ils pas
plutôt bien mérité de la nation en tentant de la
sauver de l'anarchie ? Si Bonaparte avait souci
de la justice, il ne devait pas ignorer que ce droit
était absolu, qu'il avait fallu armer afin de rétablir au plus vite les autorités légitimes, chassées
par des bandes de révoltés. Et le Sénat d'évoquer
alors ces révolutions de Bergame et de Brescia,
qui avaient été le commencement des calamités
de la République. Les Français, n'ayant pas pardonné qu'on les ait accusés d'en être les instiga-
teurs, avaient répondu à l'accusation par un
redoublement d'arbitraire. De leur côté, les populations s'étaient vengées en assassinant des
soldats isolés. Puis avait eu lieu le massacre de
Vérone, suivi bientôt de l'attentat du Lido. Et
maintenant l'heure de la reddition des comptes

avait sonné. Bonaparte, résolu à ne plus garder de ménagement, occupait avec les divisions Victor et Baraguay d'Hilliers les extrémités des lagunes, et allait attaquer l'antique cité des doges, si on ne le délivrait des membres abhorrés du tribunal de l'inquisition.

L'arrestation des inquisiteurs produisit à Venise une impression profonde. Peu de mesures d'ordre intérieur auraient ému davantage les esprits. Si l'on portait la main sur ces personnages redoutés disposant d'un pouvoir sans limite, n'était-ce pas que leur influence avait vécu, n'était-ce pas que la constitution était à la veille de subir une transformation radicale? Effectivement un grand changement se préparait dans l'État ; les vieilles institutions aristocratiques n'étaient plus considérées comme intangibles et on songeait à leur substituer un régime plus libéral. Cette question avait été agitée pour la première fois dans une réunion tenue illégalement, le 30 avril, dans les appartements privés du doge. C'était le résultat immédiat de l'entrevue de Gratz où Bonaparte s'était exprimé très nettement sur la nécessité d'une réforme gouvernementale. Ses avertissements pressants s'ajoutant aux recommandations de Lallement qui,

quelques semaines auparavant, s'était prononcé
dans le même sens (1), on n'avait pas hésité,
quoiqu'il en coûtât, à aborder ce sujet délicat.
On discuta d'ailleurs sous l'empire de la peur.
Informé par Condulmer, le défenseur de l'es-
tuaire, des préparatifs militaires des Français,
le doge s'était écrié tout tremblant que les « Vénitiens ne seraient pas cette nuit en sûreté dans
leur lit », et si à la fin un appel au courage ne
s'était fait entendre, on aurait peut-être livré
ce jour même la capitale à l'adversaire (2). Les
projets les plus étranges furent mis en avant
pour sortir de l'impasse où l'on se débattait.
Un ancien ambassadeur à Paris, André Delfino,
proposa de recourir à l'intervention de Haller,
l'un des agents civils les plus rapaces de l'armée
de Bonaparte. Mais la motion qui triompha fut
celle d'une modification aux lois constitution-
nelles. Elle avait été approuvée par la plupart
des patriciens présents. Pesaro cependant l'avait
énergiquement combattue. Pour lui. Venise ayant
retiré sa force et son prestige de son aristocratie,
aucune atteinte à ses droits et à ses privilèges
héréditaires ne saurait être admise sous peine

(1) *Archives Aff. ét.*, Fonds Venise, 253.
(2) Botta, *Storia d'Italia dal* 1789 *al* 1814.

de malheur national. Aussi, quand il eut constaté l'inutilité de ses efforts, il déclara que sa patrie était perdue et s'enfuit attristé à l'étranger (1).

Désormais le branle était donné au mouvement réformateur, rien ne pourrait plus l'arrêter, d'autant qu'un parti démocratique, désireux d'arriver à une prompte solution, répandait dans cette intention des nouvelles tendancieuses. Il parlait d'une conspiration prête à éclater, si on ne changeait pas la forme du gouvernement ; il disait les Esclavons décidés à planter l'arbre de la liberté et laissait circuler un écrit anonyme où l'on réclamait l'emprisonnement de l'émigré d'Antraigues, la création d'une municipalité, l'amnistie pour délits politiques et autres choses semblables. A l'en croire, la légation de France aurait dicté un tel programme, tandis qu'en réalité il en était le seul auteur (2). En même temps, le bruit commençait à courir que la république de Venise n'était pas certaine de subsister comme nation indépendante, car les préliminaires de Leoben avaient adjugé plusieurs de ses provinces à l'Autriche. C'est pourquoi les oligarques, de plus en plus inquiets et voulant

(1) BOTTA, *Storia d'Italia dal 1789 al 1814*.
(2) DARU, *Histoire de la République de Venise*.

à tout prix contenter Bonaparte, cherchèrent à connaître les desiderata de celui-ci. A défaut de Lallement rappelé à Milan, ils s'adressèrent à son secrétaire Villetard, un jeune diplomate très entreprenant, depuis peu en Vénétie, et le prièrent d'indiquer le remède à une situation des plus critiques. Mais Villetard étonné d'être choisi pour arbitre se récusa, objectant à Battaglia et à Dona, les deux fonctionnaires délégués auprès de lui, qu'il n'était point autorisé à émettre une opinion. Malgré cela, on lui exposa le dessein de démocratiser la république. Le grand conseil, corps souverain de l'État, serait dissous et on installerait à sa place une junte provisoire. En outre, les troupes esclavonnes quitteraient la ville et seraient remplacées par une garnison française. A son tour, Villetard était invité à user de son crédit pour obtenir de Bonaparte la grâce des trois inquisiteurs et du commandant Pizzamano, aujourd'hui dans les fers. Mais Villetard, se retranchant derechef derrière l'absence de pleins pouvoirs, refusa d'écrire le moindre mot qui pût revêtir un caractère officiel et engager l'ambassade (1).

(1) *Archives Aff. ét.*, Fonds Venise, 253.

Ce refus n'empêcha pas cependant les Vénitiens de remplir leur promesse. Le 12 mai, ils réunirent le grand conseil et, dans cette séance qui devait être la dernière, le doge Louis Manini annonça sa résolution de résigner sa dignité. Il demandait le même sacrifice de tous les patriciens, le salut du pays l'exigeait : sinon des maux incalculables étaient à redouter. Ce discours éloquent, prononcé au milieu de l'émotion générale, eut raison des plus hésitants. A une immense majorité la dissolution de l'assemblée fut décrétée, — ce qui entraînait l'abolition du Sénat, du tribunal de l'inquisition et de toute l'organisation administrative jusqu'ici en vigueur. Ainsi se terminait, à travers le désarroi causé par le triomphe éclatant des armées françaises, le règne de cette brillante aristocratie qui avait gouverné pendant des siècles la Sérénissime République.

Mais le peuple veillait. Furieux de ce changement, parce que, le sachant imposé par Bonaparte, il le jugeait funeste aux intérêts nationaux, il résolut de protester à sa façon. A peine la délibération avait-elle été adoptée que des coups de fusil retentirent autour du palais ducal. Ce fut le signal d'une véritable émeute. Des bandes se portèrent aussitôt dans toutes les directions, criant : *Vive Saint Marc, mort aux Français*, et ralliant sur leur passage de nombreux prosélytes. Devant cette explosion des colères populaires nos compatriotes et leurs partisans n'étaient plus en sûreté. On les insultait, on saccageait leurs maisons, on menaçait d'attenter à leur vie. Les troubles se seraient aggravés et peut-être aurait-on assisté à un renouvellement des scènes sanguinaires de Vérone, si Villetard ne fût intervenu. Autant il lui avait déplu de s'immiscer dans les affaires intérieures même quand on le sollicitait, autant il estimait maintenant devoir agir énergiquement lorsqu'étaient déchaînées les passions criminelles. Il somma donc les anciens gouvernants de mettre un terme à ces violences, autrement il sortirait de Venise et appellerait sur cette cité traîtresse les vengeances de Bonaparte. Et, comme garantie du rétablissement de l'ordre public, il réclamait la remise d'otages ou insistait pour qu'on laissât les Français, occupant les lagunes, entrer librement dans la ville. Ce langage ne manqua pas de produire son effet. Conscientes de leurs responsabilités, les autorités ordonnèrent aux soldats indigènes de tirer du pont du Rialto sur les perturbateurs, dont une virgtaine furent tués, puis consentirent à fournir des barques qui permirent à nos troupes, conduites par Baraguay d'Hilliers, de pénétrer nuitamment dans la capitale de la Vénétie. Aussi, le lendemain à son réveil, la population complètement assagie put-elle contempler les uniformes de la nation ennemie, symbole de sa défaite et de son impuissance. Elle n'avait plus qu'à s'incliner, alors surtout qu'une municipalité de soixante membres, chargée de présider aux destinées de la patrie, eut été installée ce même jour sous la protection de nos baïonnettes (1).

Le premier acte des nouveaux maîtres fut de publier un message, prêchant l'obéissance au pouvoir établi, et de dépêcher à Milan, auprès de Bonaparte, des plénipotentiaires afin de conclure un traité qui reconnaîtrait solennellement la révolution opérée dans l'État, et par conséquent l'indépendance de la république. Bonaparte, trouvant là l'occasion de formuler ses conditions, s'empressa de répondre aux ouvertures des Vénitiens. Il eut soin d'abord de faire approuver diplomatiquement l'occupation de

(1) DARU, *Histoire de la République de Venise.* — *Archives Aff. él.*, Fonds Venise, 37.

Baraguay d'Hilliers, poussant l'ironie jusqu'à dire que les oligarques l'avaient désirée. Ensuite des articles secrets stipulèrent une entente réciproque sur un échange de territoires. C'était d'ores et déjà obliger Venise, sans qu'elle le soupçonnât, de renoncer à tout son domaine continental partagé à Leoben entre la France et l'Autriche, perte pour laquelle elle recevrait la Romagne et les légations de Ferrare et de Bologne (1). De plus Bonaparte obtenait trois vaisseaux de ligne et deux frégates ; trois millions en numéraire ; trois autres millions tournois en chanvres, cordages, agrès et objets nécessaires à la marine; vingt tableaux et cinq cents manuscrits. Convention avantageuse qui livrait sans combat aux Français le fameux arsenal de Venise, ses trésors artistiques, une partie de sa flotte, et leur confirmait le droit de résider dans ses murs (16 mai).

Après s'être arrangée avec le vainqueur, la Sérénissime République pouvait espérer avoir échappé définitivement au danger d'une suppression violente et n'avoir plus qu'à se reposer en paix. En réalité, l'ère des difficultés était loin

(1) Articles 2 et 3 du traité préliminaire de paix, conclu à Leoben, le 18 avril 1797.

d'être close et jamais son existence n'avait été davantage compromise. La nouvelle administration avait contre elle l'illégalité de son origine. Le grand conseil ayant négligé de signer le manifeste par lequel il abdiquait dans ses mains ses prérogatives, le passage du régime aristocratique à la démocratie semblait être l'œuvre d'un coup de force plutôt que de la volonté nationale. On le répétait de tous côtés, et la municipalité sentait si bien la fausseté de sa position qu'elle n'osa pas ratifier la rédaction du traité de Milan. Dès lors reparaissaient l'incertitude vis-à-vis des dispositions de l'adversaire et les angoisses qui en résultaient. Chose non moins grave, les habitants de la terre ferme, excipant de cette irrégularité, refusaient de se soumettre aux décisions de l'autorité centrale et se débattaient dans une anarchie absolue. Impossible en somme de savoir à qui appartenait la souveraineté. Pour avoir voulu sortir d'une situation périlleuse, on était aux prises avec des contestations perpétuelles engendrant le désordre et l'irritation.

Si ce changement de gouvernement avait été mal accueilli des provinces, nul n'était plus mécontent de la façon dont il s'était opéré que le ministre Lallement, qui pourtant avait été le premier à conseiller une réforme. A son sens, la précipitation avait tout gâté. Il aurait fallu agir différemment, modifier la constitution sans secousse postérieurement, et non antérieurement à la convention de Milan. C'est seulement à ce moment, dans le calme des délibérations diplomatiques, et non au milieu de l'agitation d'une capitale affolée par l'approche de l'ennemi, que la noblesse aurait dû abandonner le gouvernail de la nation, le remettant à une commission provisoire qui aurait convoqué une assemblée constituante, choisie librement en dehors de toute intrusion étrangère. De la sorte la légalité et les intentions du peuple vénitien ayant été respectées, la soumission eût été générale et les dirigeants eussent été en état de pourvoir à toutes les nécessités. Mais quel prestige pouvait avoir une municipalité imposée, dont Villetard, à l'entendre, avait indiqué lui-même la composition (1)? Ces objections avaient assurément leur poids et provenaient d'un esprit judicieux. Toutefois, il n'est pas défendu de supposer qu'il se mêlait chez leur auteur un sentiment de dépit de voir reporter à un autre le mérite de la révolution politique, destinée à grandir son rôle, et cette

(1) *Archives Aff. ét.*, Fonds Venise, 253.

conviction s'accroît quand on lit ses appréciations à ce sujet. Lallement ne cessait d'incriminer la brutalité de Villetard, il l'accusait d'avoir exercé une pression regrettable sur les aristocrates pour se dessaisir de leurs fonctions. Or, au contraire, Villetard s'était constamment dérobé aux instances de Dona et de Battaglia, venus l'interroger sur la transformation projetée. Ses démarches auprès de la république n'avaient eu lieu qu'en faveur des Français insultés et menacés dans leur vie. Avait-on à le lui reprocher ? S'il eût été le 12 mai à Venise, Lallement certainement aurait montré à ses nationaux un dévouement semblable. Il eût même applaudi à la chute des oligarques, peu importe la manière dont s'était terminé leur règne. Mais il se trouvait alors à Milan aux côtés de Bonaparte et était ennuyé que son subordonné, se substituant à lui, fût devenu dans des circonstances aussi graves le personnage prééminent. Retourné à son poste, sa mauvaise humeur ne se calma pas. Villetard lui était un cauchemar. Il blâmait systématiquement son action et souffrait d'autant plus de voir s'agiter, sous ses yeux, ce rival importun que Bonaparte et le Directoire lui accordaient leur confiance.

II

Quoi qu'il en fût du dissentiment entre la capitale et la terre ferme, les troupes de Baraguay d'Hilliers étaient installées à Venise, et leur installation avait eu pour conséquence de contraindre à la fuite les nombreux émigrés qui s'y étaient réfugiés. D'Antraigues, le plus remuant de tous, dont la France avait vainement réclamé l'expulsion, avait eu le temps de passer en Autriche. Mais il se trompait s'il pensait y être à l'abri des vengeances révolutionnaires. C'était à sa personne bien plus qu'à son séjour qu'on en voulait ; coûte que coûte il fallait l'appréhender au corps. La police directoriale s'obstinait à le considérer comme un individu dangereux, capable de fomenter les plus noirs complots. N'était-il pas tout dévoué aux princes ? Ne se disait-il pas le représentant de Louis XVIII en Vénétie ? Sans nul doute, cet audacieux royaliste intriguait avec les monarchistes de l'intérieur pour restaurer le trône des Bourbons. Il existait notamment une malle contenant ses papiers, à la possession de laquelle Villetard attachait une grande importance. Ainsi, traqué et dénoncé, il ne pouvait manquer d'être capturé, et à peine avait-il débarqué à Trieste qu'il y fut arrêté. En présence des haines qu'il s'était attirées, il dut craindre à cet instant d'avoir à subir les plus terribles châtiments. Heureusement que, transféré sur-le-champ à Milan, ses explications satisfirent pleinement Bonaparte, qui, reconnaissant son innocence du chef d'espionnage et de trahison, s'empressa de le relâcher. D'autre part, la déchéance de l'aristocratie vénitienne avait décidé le Directoire à renvoyer de Paris Querini, dont les pouvoirs semblaient périmés. Tout au plus lui permit-il, sur ses observations, de rester encore deux semaines en France, à la condition de se retirer à Fontainebleau. Telle fut la brusque fin de la mission de cet aimable patricien, qui, malgré ses efforts avait été impuissant à délivrer sa patrie de l'occupation étrangère. Au moins tint-il à conserver au trésor national les sommes qu'il n'avait promis de débourser que contre un ordre d'évacuation. Mais le Directoire prétendit exiger le paiement de la première lettre de change. Furieux de se heurter à un refus, il imagina d'accuser Querini de corruption. Sous cette inculpation, le malheureux ambassadeur, qui vivait tranquillement à Venise, fut jeté dans les prisons lombardes et il avait déjà été interrogé par une commission militaire, quand l'intervention du cabinet de Vienne lui fit recouvrer la liberté (1).

Ce n'était certes pas pour autoriser un pareil arbitraire qu'on avait négocié à Milan, et si ce traité n'était dans l'esprit de Bonaparte qu'un expédient destiné à gagner du temps, il avait une réelle valeur aux yeux du Directoire, qui y voyait le dénouement heureux d'un conflit, menaçant de mettre aux prises les deux pays. A la différence du héros de l'Italie, il n'avait jamais été d'avis de déclarer la guerre aux Vénitiens. Des mesures de rigueur, des représailles plus ou moins sérieuses paraissaient lui suffire à venger les crimes dont les Français avaient été victimes. Aussi éprouva-t-il une double satisfaction à apprendre la signature de la convention, qui, en évitant une rupture formelle, lui

____

(1) BOTTA, *Storia d'Italia dal 1789 al 1814.* — ROMANIN, *Storia di Venezia.*

conférait pacifiquement des avantages appréciables. Les félicitations, qu'il adressa dans l'occurrence à Bonaparte, montrent combien il comptait sur ce rapprochement pour arriver à une entente définitive avec l'Autriche (1). Car Venise, désarmée et réconciliée, avait l'air de se prêter aux combinaisons qui faciliteraient les cessions territoriales demandées à l'empereur. Et chacun savait à cette heure que les préliminaires de Leoben avaient posé le principe du démembrement de la république. Mais on ignorait quelles provinces elle devait céder ou échanger — ignorance qui augmentait le malaise de cette infortunée nation contre laquelle tout semblait conspirer. A l'exemple de la municipalité provisoire, le Directoire n'avait pu ratifier le pacte de Milan, parce qu'à la place de l'original Bonaparte lui en avait simplement transmis une copie. Il en résultait que nos généraux, estimant n'avoir aucune obligation, traitaient Venise en terre conquise. Ils lui imposaient leurs volontés, réclamant d'elle fournitures et numéraire, la forçant

______

(1) « Trouvez bon que je vous félicite de ce nouveau succès diplomatique, qui met en vos mains des moyens immenses pour accélérer et faciliter l'importante négociation dont vous êtes chargé » (27 mai 1797).

à leur abandonner les trésors de l'ex-duc de
Modène confiés à sa garde. Tout cela sans pré-
judice des engagements consentis. L'instrument
diplomatique du 16 mai 1797 avait en effet de
bizarre qu'on l'invoquait contre les Vénitiens
dans ses articles défavorables, mais qu'on en
violait les clauses dont ils bénéficiaient. Ainsi,
malgré l'amnistie stipulée, on poursuivait les
fonctionnaires de Vérone impliqués de complicité dans les massacres, et Baraguay d'Hilliers,
ayant été informé que deux d'entre eux, Giovanelli et Erizzo, se trouvaient dans la capitale,
somma les gouvernants de les lui livrer. La souveraineté était entièrement passée dans les mains
des Français, qui disposaient en maîtres des
personnes et des choses.

Quant aux nouveaux magistrats, ils n'avaient
ni crédit ni autorité. Par cela même qu'ils ne
pouvaient se faire obéir, ils étaient l'objet d'un
méprisant dédain. Seuls, comme c'est souvent le
cas en temps d'anarchie, parvenaient à fixer
l'attention les exaltés et les prôneurs de violence. Alors que devant les malheurs de la patrie ils auraient dû recommander l'union, des
membres d'une société populaire prêchaient
l'exil des nobles. Cependant, depuis que le livre

d'or avait été brûlé, on n'avait plus à connaître
de la noblesse dont l'existence légale avait cessé.
D'autres renchérissaient, parlant de couper des
têtes. Et les esprits de s'échauffer et le désordre
de grandir. C'étaient les dernières convulsions
du malade qui va mourir. Venise approchait de sa
fin. Chaque jour le cours des événements lui révélait la gravité de la situation. Lorsqu'au mois de
juin les troupes impériales envahirent l'Istrie et
la Dalmatie, elle comprit qu'elle servait d'enjeu à
la réconciliation des belligérants. Ce fut chez
elle de la stupeur, bien qu'elle fût préparée à
de durs sacrifices. Lallement dans son patriotisme en était tout peiné. Lui qui jugeait de
l'intérêt français et républicain de chasser l'Autriche de la Péninsule, ne s'expliquait pas pourquoi cette ennemie acharnée de la révolution
recevait les dépouilles de l'État vénitien. « Nous
allons donc récompenser l'empereur, au lieu de
le punir », écrivait-il mélancoliquement à la
pensée que les Habsbourg conservaient leur
influence en Italie. Mais les Esclavons de là-bas
prirent assez mal cette invasion. Persuadés que
la France en était la cause, ils s'en vengèrent
en assassinant à Sebenico son consul, l'Italien
Zulati, et en incendiant sa maison.

Après ces deux provinces, ce fut le tour des îles de l'archipel. Comme compensation de l'occupation autrichienne, une flottille française s'en empara et saisit les magasins de l'arsenal de Corfou. Avant même que la diplomatie eût réglé définitivement son sort, la Sérénissime République s'émiettait morceau par morceau. En resterait-il seulement un lambeau quand la paix continentale serait signée ? On en pouvait douter à assister au spectacle des atteintes répétées, portées à son intégrité Et puis le bruit se répandait de plus en plus au dehors que, Bonaparte n'ayant pas pardonné les Pâques véronaises, la Vénétie, en punition de ce forfait, serait probablement rayée de la carte de l'Europe. Aussi l'inquiétude gagnait-elle maintenant les plus optimistes, ceux-là mêmes qui avaient poussé à toutes les concessions et s'étaient flattés de trouver le salut dans la conclusion du traité de Milan. Or comment persister à se reposer sur une garantie si précaire ? Comment s'imaginer que le vainqueur se croirait lié par un acte dont la violation était de tous les instants et qui, faute de ratification, était dépourvu de valeur obligatoire ? L'absorption entière du territoire national par l'Autriche et la France ne paraissait plus hélas ! un projet chimérique. C'était une éventualité sérieusement envisagée et qui provoquait un singulier mouvement d'opinion. Plutôt que de voir leur patrie soumise au saint empire, les démocrates réclamaient déjà la réunion à la Cisalpine. Leurs émissaires parcouraient les campagnes, sollicitant les signatures, pressant les esprits hésitants. Un congrès était venu à la rescousse, il s'était assemblé à Bassano et, en vue d'obtenir l'appui du Directoire, un de ses membres avait été invité à s'adresser à Talleyrand, qui avait remplacé Delacroix dans la direction de la politique extérieure. En somme l'avenir se présentait sous les couleurs les plus sombres et, quelles que fussent les divergences d'idées et de sentiments, il n'y avait qu'une voix pour dire qu'on marchait à un redoutable inconnu.

Néanmoins la municipalité provisoire, désireuse de sauvegarder les intérêts de la nation, s'appliquait à entretenir avec la France les meilleures relations. Elle avait envoyé à Milan auprès de Bonaparte un ministre plénipotentiaire, qui n'était autre que le fameux Battaglia. Son premier soin ayant été de lui écrire une lettre répudiant de nouveau la paternité du manifeste faussement attribué à sa plume, il en avait reçu aussitôt une réponse conçue dans les termes les plus aimables (1). En même temps, un successeur avait été nommé à Querini. C'était San Fermo autrefois employé à Bâle, où il s'était acquis la sympathie de Barthelemy. Il avait même été dénoncé par l'Autriche au Sénat pour avoir, prétendait-on, favorisé en 1795 la conclusion de la paix entre la Prusse et la France ; ce qui le recommandait à la bienveillance des Directeurs. Mais San Fermo n'eut jamais à Paris qu'un caractère officieux. Le Directoire attendait, pour le reconnaître, d'avoir ratifié la convention de Milan et se contentait jusque-là de lire ses rares dépêches où il prenait absolument au sérieux son rôle d'agent de Venise démocratisée, puisqu'il les datait invariablement de la *première année de la liberté italienne*. Le calendrier républicain, pourtant si discrédité, avait-il si vite rencontré un adepte chez un citoyen étranger !

(1) « Pourquoi, au lieu de M. Pesaro, ne me fûtes-vous pas envoyé à Goritz ? La force des raisons et des choses, que vous auriez entendues, vous eût mis à même de triompher dès lors de la ridicule oligarchie, qui a voulu se naufrager presque au port. Oui, monsieur, je me plais à le dire, 4 ou 500 Français qui ont été assassinés à Vérone vivraient encore. »

L'avènement de cette ère libérale, dont s'enorgueillissait San Fermo, était marqué précisément par le procès des inquisiteurs, dernier vestige de l'ancien gouvernement aristocratique. Bonaparte, qui l'avait ordonné, était convaincu que cette enquête judiciaire allait lui révéler la preuve de la complicité de ces fonctionnaires abhorrés dans les Pâques véronaises ou le massacre de l'équipage du navire attaqué au Lido. A tout prix il les voulait coupables; ses officiers avaient trop signalé leurs méfaits pour qu'il ne cherchât pas à les châtier d'une façon exemplaire. Mais les choses tournèrent contre ses prévisions. Ni l'interrogatoire des accusés ni l'examen attentif de leurs archives ne parvinrent à établir une culpabilité, qui aurait si bien servi ses desseins politiques. Loin d'apparaître comme des criminels avérés, l'innocence de Barbarigo, de Gabrieli et de Corner (tels étaient les noms des trois inculpés) éclatait au grand jour. Force était donc de les relâcher, et Bonaparte, qui avait tant tempêté contre eux, dut lui-même rendre le décret d'élargissement (1). A défaut de leur châtiment, il eut en tout cas la

(1) ROMANIN, *Storia di Venezia.*

satisfaction d'être témoin de celui du procurateur Pesaro, auquel il reprochait toujours d'avoir repoussé à Goritz sa médiation offerte en vue du rétablissement de l'ordre à Brescia et à Bergame. Or Pesaro, jadis si en cour, n'était plus aujourd'hui qu'un vaincu. Ce tenant du passé, cet adversaire des réformes, qui avait quitté Venise sous l'impression d'une amère tristesse, devenait aussi suspect à ses compatriotes démocrates qu'il l'était aux Français, et Battaglia demandait à cor et à cri son arrestation en raison de sa fuite. Mais Pesaro n'était pas facile à atteindre. Réfugié à Vienne, il pouvait braver les menaces vénitiennes. Toutefois les gouvernants, dans l'impossibilité de se saisir de sa personne, décrétèrent la confiscation de ses biens. Représailles mesquines auxquelles répondit Pesaro, revenu plus tard dans sa patrie en qualité de commissaire impérial, par un traitement sévère à l'endroit de beaucoup.

D'ailleurs les dirigeants étaient remplis de défiance et prétendaient être sur la trace d'une conspiration, tendant à livrer la ville à l'Autriche. A les en croire, le principal instigateur était un certain avocat Cercatto, chez qui on aurait découvert des papiers équivoques. Il n'en fallut pas plus pour que le général Balland, chargé en ce moment du commandement des troupes d'occupation, proclamât l'état de siège et exigeât la remise d'otages. Le souvenir des horreurs de Vérone l'avait sans doute déterminé à user d'une telle rigueur. Mais Bonaparte désapprouva sa conduite et, le destituant sur l'heure, il confia ses fonctions au général Serrurier (1). Qu'avait-on besoin d'un complot pour donner la cité des doges à l'empereur? La diplomatie ne suffisait-elle pas à cela ? Ne venait-elle pas de sacrifier à Campo Formio la célèbre république aux convoitises étrangères? (17 oct. 1797). C'en était fini de son indépendance. La France s'adjugeait à elle-même les îles ioniennes et s'emparait, pour le compte de la Cisalpine, du Brescian, du Bergamasque et du Cremasque. Le reste, à savoir les territoires à l'est de l'Adige, Venise incluse, puis l'Istrie et la Dalmatie étaient cédés aux Impériaux. D'un trait de plume, sans même avoir été admise à discuter ses droits séculaires dans les pourparlers en cours depuis des mois, une des plus anciennes nations de l'Europe était supprimée, simplement parce que son existence gênait l'am-

____

(1) *Archives Aff. él.*, Fonds Venise, 253.

bition des belligérants d'hier. Pourtant, dans la lutte qui se terminait par son effondrement, elle n'avait point tiré l'épée, demeurant fidèle à sa neutralité dont elle était si jalouse. Mais qu'importaient ces considérations ? Elle avait le malheur de se trouver sans défense et, comme sa destruction convenait à merveille à deux puissants rivaux, elle avait été résolue. Décidément les mœurs politiques ne s'amélioraient guère ; le partage de la Pologne devenait contagieux. Pour la seconde fois, en quelques années la même iniquité, le même déni de justice s'accomplissait. Sous ce rapport l'Autriche monarchique et la France révolutionnaire étaient également coupables ; car si Bonaparte n'avait pas hésité, en vue de la réalisation de ses projets, à dépouiller Venise, la maison de Habsbourg avait énergiquement insisté pour recevoir dans son lot la reine de l'Adriatique.

Quand les Vénitiens apprirent la ruine de leur patrie, ils en furent atterrés. Non que cette éventualité fût absolument imprévue, qu'on n'y eût pas songé un instant. Il y avait longtemps qu'on en parlait. Mais, quels que soient les pressentiments fâcheux et les avertissements multiples, c'est le propre de la nature humaine de se raidir contre l'inévitable, d'espérer contre toute espérance. Tant qu'une catastrophe redoutée n'est pas arrivée, on se flatte jusqu'à la dernière minute de pouvoir la conjurer et on se raccroche à la plus faible branche de salut. On s'illusionne même au point de passer quelquefois d'un extrême à l'autre, un désespoir complet faisant place à une confiance xagérée. Pour leur part, les Vénitiens avaient connu cette illusion. Alors qu'ils pensaient tout perdu, une semaine avant la signature du traité de paix, le bruit s'était répandu parmi eux qu'on réunirait toutes les provinces de la Vénétie en un seul gouvernement indivisible (1). Si invraisemblable que semblât la nouvelle après les clauses supposées des préliminaires de Leoben et la prise de possession de la Dalmatie et des îles, c'avait été un baume à la douleur générale. Prenant leurs désirs pour des réalités, les esprits pendant quelques jours s'étaient complu à croire que la Sérénissime République serait conservée. Mais le présent événement venait irrévocablement dissiper ce beau rêve. Venise n'existait plus, Venise avait vécu ; il fallait se rendre à l'évidence. Quel crève-cœur

(1) *Archives Aff. ét.*, Fonds Venise, 253.

pour ceux qui avaient eu foi en Bonaparte, promettant de leur apporter la liberté ! Était-ce bien la peine d'avoir changé la constitution, de s'être jetés dans les bras du vainqueur pour se voir livrés par lui à la puissance la plus féodale de l'Europe. Ils ne pouvaient s'y résigner et avaient la candeur de supplier le négociateur de Campo Formio de les protéger contre l'Autriche. Mais celui-ci leur répondit ironiquement que, s'ils étaient dignes de la liberté, c'était à eux-mêmes, dont les forces étaient nulles, dont l'arsenal avait été vidé, de se défendre. Ils n'étaient pas mieux traités par la plupart de leurs compatriotes, dont l'aversion déjà profonde pour la France s'accroissait du chagrin d'assister à la disparition de leur patrie. On raillait leur crédulité, on les déclarait incapables ; d'aucuns même allaient jusqu'à les accuser de trahison. Aussi leur situation devint-elle si intolérable que, désireux également de se soustraire au joug impérial, ils résolurent de s'établir dans la Cisalpine où on leur accordait le droit de citoyens.

Lallement et Villetard, qui s'étaient sincèrement appliqués l'un et l'autre à sauver la nation vénitienne, n'étaient pas moins navrés. Cessant maintenant de se disputer comme ils l'avaient fait trop souvent depuis la chute du gouvernement aristocratique, ils plaignaient les Vénitiens d'être ainsi sacrifiés et condamnaient hautement l'hypocrisie des procédés employés (1). Autant que leur honnêteté, leur amour-propre avait à souffrir du dénouement. Le triomphe de l'Autriche sur Venise n'était-il pas l'échec de leurs efforts, la banqueroute de leurs idées républicaines qui les avaient poussés à aider la population à s'arracher à l'omnipotence de la noblesse? Et voici que cet État, à peine délivré

(1) Lorsque les Français ont pénétré dans une ville comme Venise non par le droit de conquête, mais par un accommodement; lorsqu'ils sont convenus par ce traité de ne prélever sur les moyens de défense, que Venise pouvait avoir, que ce qui paraissait nécessaire à cette époque à la marine française, je doute qu'il soit dans les principes de leur gouvernement de dépouiller aujourd'hui cette nation de ses dernières ressources, et lui dire : « Nous ne l'avons point vendue à l'Autriche, tu te prétends digne de la liberté, eh bien! défends-toi.» (Villetard au Directoire, 1er décembre 1797.) Puis-je vous dissimuler combien la conduite, que nous avons tenue avec cette nation, a dû augmenter l'aversion qu'on lui avait déjà inspirée de nos principes et de notre caractère. Nous l'avons trompée pour nous introduire en forces dans la capitale et dans toutes les provinces, et, après en avoir dépouillé les habitants de la manière la plus avilissante pour nous, nous lui avons donné un maître (Lallement au Directoire, 26 janvier 1798). *Archives Aff. ét.*, Fonds Venise, 253, 254.

de ses chaînes, retombait en partie sous une au-
tocratie n'ayant pas même l'avantage d'être
exercée par des nationaux. Désormais le maudit
étranger allait dicter la loi. Lallement et Villetard ne comprenaient pas, il est vrai, les mobiles
auxquels avait obéi Bonaparte, et qui étaient en
contradiction absolue avec leurs sentiments. A
l'encontre de leur idéal, le héros de la campagne d'Italie n'avait cure du respect des natio-
nalités et de l'émancipation des peuples. Il ne
voyait que le côté pratique des choses, qui était
d'amener l'empereur à traiter aux conditions les
plus favorables à la France. Coûte que coûte ce but
devait être atteint. Ce n'était certes pas pour remplacer l'oligarchie de Venise par un régime démocratique qu'il s'était couvert de gloire sur les
champs de bataille et avait durant une année
laissé verser le sang de ses soldats, mais pour
écraser l'Autriche qui, depuis 1792, poursuivait
sur le continent une guerre sans trêve ni merci.
Or, la défaite s'étant continuellement abattue
sur cette puissance, il ne lui restait plus qu'à
désarmer. Seulement elle entendait n'être pas
trop démembrée, et si elle était obligée de céder
plus de territoires qu'elle ne voulait, elle exige-
rait des compensations. Légère de scrupules,

comme l'avait prouvé le partage de la Pologne auquel elle avait participé à deux reprises, il ne lui répugnait nullement de s'enrichir encore des dépouilles d'autrui. Au besoin elle indiquerait la proie à saisir, et cette proie ce fut Venise.

Mais la paix de Campo Formio, qui sanctionnait une pareille violation du droit des gens, ne s'était pas négociée en un jour. Elle avait donné lieu à de longs et difficiles pourparlers, précédés eux-mêmes de la mission diplomatique en Italie du général Clarke. Et ce sont précisément ces différentes négociations qu'il est nécessaire de raconter pour permettre au lecteur de connaître l'importance que joua la question de Venise dans ce traité célèbre et de s'expliquer comment Bonaparte, qui paraissait au début disposé à laisser subsister un lambeau de cette république, l'immola finalement aux convoitises de son adversaire.

CHAPITRE VIII

LA PAIX DE CAMPO FORMIO
ET LA QUESTION DE VENISE

I

Mission diplomatique du général Clarke. — Propositions du Directoire à l'Autriche. — Son désir de lui donner en Allemagne les compensations promises. — Sa méfiance à l'égard de Thugut. — Moyens par lesquels il cherche à vaincre son opposition. — Armistice de Leoben. — Démembrement de la République de Venise. — Le noble Grimani, ambassadeur à Vienne, interroge à ce sujet Thugut et Gallo. — Ralentissement des négociations par suite de la divergence de vues. — Résultat désastreux de la politique vénitienne. — Talleyrand, ministre des Affaires étran_gères. — Répugnance du Directoire à laisser Venise à l'Autriche. — Bonaparte, résolu à empêcher la continuation de la guerre, contrevient aux ordres directoriaux. — Venise définitivement sacrifiée à l'empereur.

Au mois de novembre 1796, le Directoire, désireux de mettre fin aux hostilités avec l'Autriche, confiait au général Clarke le soin de traiter de la paix. Né en France d'une famille d'origine irlandaise, Clarke était capitaine à l'époque de la révolution. Avec l'ardeur de ses vingt-cinq ans il en adopta les principes. Mais son amour de l'ordre et la loyauté de son caractère le préservèrent de la contagion des folies jacobines, et tout adonné à ses devoirs militaires, il conquit rapidement le grade de général. Disgracié un moment à cause de son modérantisme, il fut, après la Terreur, nommé par Carnot chef du bureau topographique, et c'est ce même Carnot qui, appréciant ses mérites, le désigna au choix de ses collègues. Clarke devait se rendre non pas à Vienne, difficilement accessible dans les circonstances actuelles à un agent français, mais en Italie où il était tout à la fois chargé de surveiller Bonaparte, dont la gloire grandissante éveillait les jalousies des Directeurs, et de s'aboucher avec les représentants de l'empereur François et son frère le grand-duc de Toscane, par le canal desquels il ferait parvenir à l'intéressé les propositions de la France.

Ces propositions étaient très nettes. L'Autriche serait invitée à céder la Belgique, à consentir à l'abandon de la rive gauche du Rhin stipulé à Bâle en 1795 avec la Prusse et à renoncer au Milanais. Quant à Mantoue, partie intégrante de ce duché, il n'en était pas encore question, et on attendait sans doute que cette ville bloquée depuis des mois eût capitulé pour en exiger expressément la cession. Mais, si le Directoire était absolument décidé à obtenir de sérieux avantages, il admettait dès maintenant pour la maison de Habsbourg le droit de se dédommager de ses pertes. Se rappelant combien elle convoitait la Bavière puisqu'elle avait essayé de s'en emparer et en 1778 et en 1784, il songeait à la lui offrir : projet cependant d'une exécution peu aisée, la dynastie palatine et surtout la Prusse, nécessaire à ménager, devant certainement s'y opposer. Se brouiller avec cette puissance pour se réconcilier avec l'Autriche n'était guère un moyen d'arriver à la pacification continentale, si ardemment désirée. C'est pourquoi le Directoire ne s'arrêta pas longtemps à cette solution dont il avait vite aperçu les inconvénients. Seulement, il persistait à vouloir que l'empereur reçût ses compensations en Allemagne plutôt que dans la Péninsule : non par respect de l'indépendance des nations italiennes, non par répugnance à permettre notamment le démembrement de la Vénétie. De tels scrupules ne le troublaient pas un instant. Détacher les peuples de leur souverain légitime était, au contraire, sa politique, et nous savons déjà par un passage des instructions de Clarke qu'il avait engagé ce diplomate à user, le cas échéant, de cet expédient vis-à-vis des provinces de terre ferme. Les mobiles du Directoire étaient tout autres. Il craignait que l'Autriche, en se maintenant en Italie, ne gênât l'influence qu'il s'efforçait partout de substituer à la sienne. Or il paraissait assez peu logique qu'après lui avoir enlevé la Lombardie et avoir chassé de Parme et de Modène les princes inféodés à son système on la laissât s'étendre dans la Sérénissime République. Aussi, en tâchant de l'éloigner de la Péninsule, la France allait-elle affecter de plaider la cause du monarque autrichien lui-même, qui avait intérêt, affirmait-elle, à ne pas s'établir dans un pays pénétré d'un esprit nouveau, tandis qu'en Allemagne il régnerait sur des populations de même sang, attachées aux mêmes principes, et affermirait par là l'autorité dont il jouissait. Et les évêchés catholiques de Passau et de Salzbourg étaient déjà le lot qu'on pensait lui adjuger.

Dans tous les cas, en proposant de désarmer, la France était sincère. A défaut d'autre preuve, le fait même de promettre à son adversaire des compensations suffisait à le démontrer ; car il est assez rare que les vaincus reçoivent des territoires en échange de ceux dont ils ont été dépouillés. Restait à savoir si l'Autriche serait disposée à négocier sur ces bases, ou si elle ne préférerait pas continuer la lutte aussi longtemps que l'Angleterre combattrait sur les mers. Pour son compte, le Directoire n'était guère rassuré. Il aurait encore fondé bon espoir sur le souverain ; mais Thugut, le ministre dirigeant, lui apparaissait à tort ou à raison comme un obstacle insurmontable à une paix partielle. On le disait l'âme de la guerre, la créature du cabinet britannique et on prétendait que, possédant un crédit immense auprès de son maître, il s'appliquait à lui faire repousser toute entente avec la France révolutionnaire. S'il en était ainsi, la persuasion n'était point un argument à employer afin de triompher de sa résistance. Il s'y montrerait sourd et poursuivrait les hostilités. Mais n'y avait-il pas un moyen d'amener Thugut à composition ? En fouillant dans les archives, le Directoire se flatta de l'avoir trouvé. C'était tout

simplement le chantage doublé de la corruption.
A l'époque où en 1770 Thugut était internonce
à Constantinople, le chevalier de St-Priest, l'ambassadeur de France, aurait écrit que son collègue était facile à séduire. Découper les passages de cette correspondance et menacer de s'en servir contre l'intéressé avait semblé au Directoire un trait de génie. Il s'agissait, à l'aide de ces extraits, d'échafauder un roman, dans lequel on accusait Thugut d'avoir trafiqué au profit de la monarchie française des secrets de sa patrie. Du coup ce modeste interprète, ce jeune de langue, qui par sa persévérance et son zèle s'était élevé au premier poste de l'État, se transformait en un abominable traître. D'ailleurs, rien n'était négligé pour que cette machination produisît son effet. Si Thugut trahissait, nul doute qu'il n'aimât l'argent. Aussi s'engageait-on à satisfaire sa cupidité et, le désirât-il, on irait jusqu'à lui offrir un million. La réussite était certaine. Comment, devant la crainte de voir révéler ses turpitudes et l'appât de grosses sommes, Thugut aurait-il hésité à signer la paix ? Mais il aurait fallu que cette inculpation si invraisemblable fût étayée sur autre chose que des insinuations ou même des affirmations for-

melles. Des preuves irréfutables, des documents contre lesquels il est impossible de s'inscrire en faux étaient indispensables. Eût-on sorti un papier attribué à Thugut d'où l'on aurait pu induire sa culpabilité, il eût été encore nécessaire d'en établir l'authenticité, une pièce de ce genre ne laissant pas d'être *à priori* suspecte, tellement il est inadmissible qu'un ambassadeur en fonctions livre à deniers comptants les intérêts de son pays. Or on n'exhiba pas même cela, on se contenta de remettre à Clarke des fragments de la correspondance diplomatique de M. de St-Priest, dont il était autorisé à faire usage (1).

(1) « Vous savez que le baron de Thugut est de tous les ministres de l'empereur celui qui jouit de la plus grande influence ou plutôt qu'il dispose en maître de tout ce qui concerne les relations extérieures. Il a toujours paru dévoué à l'Angleterre, et pour cette raison tout fait présumer qu'il s'opposera constamment à une paix partielle. Nous ne pouvons guère espérer d'y parvenir qu'autant que nous réussirons à changer ses dispositions. Le Directoire désire que vous essayiez de le faire. Deux motifs peuvent agir sur lui : la crainte et l'avidité. Vous avez dans vos mains l'extrait d'une correspondance officielle, qui prouve évidemment qu'il s'était laissé séduire par l'ancien gouvernement de France, auquel il vendait et les secrets et les intérêts de la maison d'Autriche. La connaissance de cet extrait pourrait lui inspirer la crainte d'une publicité qui le couvrirait d'opprobre. Vous êtes autorisé à saisir les moyens les plus sûrs pour lui faire parvenir cet extrait, en prenant au nom

On doit avouer qu'une pareille façon d'entamer des négociations était assez singulière, tant elle se heurtait aux habitudes reçues, et était plutôt de nature à manquer le but visé. Déclarer à une puissance avec laquelle on a le désir de traiter qu'elle est gouvernée par un homme sans honneur et sans foi, n'est-ce pas l'indisposer quand on ne saurait prouver une accusation aussi grave ? N'a-t-elle pas lieu de

du Directoire l'engagement formel d'ensevelir dans le plus profond secret et l'extrait et les pièces, si par ses bons offices une heureuse paix est rétablie entre la République française et la maison d'Autriche. Comme ces pièces prouvent que le baron Thugut est avide d'accumuler les richesses, le Directoire pense qu'il serait possible de le gagner par cet appât. Indépendamment de ce qu'il possédait sur la dette publique de France qui lui serait rendu, vous pouvez offrir jusqu'à un million pour aplanir toute difficulté. Mais cette proposition ne peut se faire que verbalement, et de manière, qu'il n'en reste aucune trace dont on puisse abuser. Vous pourriez envoyer à cet effet un agent dont vous seriez parfaitement sûr. Le Directoire espère que cette tentative pourra réussir et nous amener la paix entre la maison d'Autriche et l'empire. Il vous recommande de la faire. Il s'en rapporte à vous sur les formes de prudence et de circonspection, qu'il est nécessaire de prendre pour tranquilliser celui que vous êtes chargé d'attaquer et lui inspirer des préventions et dispositions favorables. (Dépêche adressée à Clarke, le 18 janvier 1797, écrite de la main de Delacroix et contresignée par les quatre directeurs : Carnot, Letourneur, La Revellière-Lepeaux et Barras.)

croire qu'on cherche à l'outrager, qu'elle n'a à attendre de son vainqueur que de mauvais procédés et qu'il est préférable de ne pas écouter ses propositions ? Mais le Directoire était convaincu de la supériorité de ses moyens, et Clarke, son envoyé, s'imagina peut-être avoir frappé un coup de maître lorsqu'il eut lu au grand-duc de Toscane les observations de M. de St-Priest relatives à Thugut (1). Cette entrevue se passait à Florence à la fin de février 1797, plusieurs mois déjà après que Clarke avait commencé à remplir sa mission de médiateur. Seulement le succès était lent à venir. Les agents autrichiens aux-

(1) « Pour ne laisser à Son Altesse royale aucune espèce de doute sur l'immoralité de Thugut et pour l'engager plus fortement, à raison de l'intérêt qu'elle doit porter à son frère, à s'élever avec énergie contre le faux système de ce ministre et la conduite délirante (*sic*) qu'il fait tenir à l'empereur, je lus, ainsi que j'étais convenu avec le général Bonaparte, au grand-duc, en m'assurant préalablement qu'il ne ferait qu'un usage prudent de cette lecture, les fragments des lettres du chevalier de Saint-Priest et du ministre d'Aiguillon écrites en 1770, 1771, etc., qui prouvent évidemment que Thugut a vendu les secrets de sa cour à celle de Versailles. Je n'ai pas eu besoin de lire la totalité des pièces pour convaincre S. A. R. de la vénalité de l'homme qui dirige son frère. » *Archives Aff. ét.*, Fonds Vienne, 367.

Sur Thugut consulter les deux ouvrages de Von Vivenot *Thugut, Clerfayt und Wurmser* (Wien 1869). *Thugut und sein politisches System* (Wien 1870).

quels il s'était adressé, le marquis de Gherardini, entre autres, invité par lui à se saisir de la Dalmatie, s'étaient dérobés. Serait-il plus heureux avec le frère de l'empereur, que l'on représentait comme un prince éclairé et ami de la paix ? Certes celui-ci l'avait entendu avec bienveillance exposer les intentions de la France, mais il ne pouvait rien sinon transmettre à Vienne les ouvertures dont il était l'objet, et c'était en Autriche, maintenant qu'il s'était abouché avec un membre de la famille de Habsbourg, qu'avait besoin de se rendre Clarke. Quant à ses révélations sur la prétendue trahison du ministre impérial, il ne paraît pas, malgré sa conviction d'avoir persuadé son interlocuteur, qu'elles aient donné les résultats espérés. Ou le grand-duc, n'y attachant aucune importance, s'abstint d'en parler, ou il les porta à la connaissance de François II, qui n'en fit guère de cas ; car elles n'influèrent nullement sur les événements, et seule la marche triomphale de Bonaparte en Allemagne amena la conclusion des préliminaires de Leoben. Clarke arrivé trop tard n'avait même pas eu la bonne fortune de les signer. Mais cette déconvenue ne l'empêcha pas de rester au mieux avec le glorieux capitaine, dont il s'était bien gardé de contrarier les plans. Loin de jouer envers sa personne le rôle d'inquisiteur, il s'était rallié à ses idées et lui avait servi d'auxiliaire.

Si Bonaparte avait obtenu en principe à Leoben de l'Autriche les cessions réclamées, les compensations promises à cette dernière s'opéraient aux dépens de Venise, et non des évêchés de Passau et de Salzbourg. Il était expressément stipulé que la Sérénissime République céderait à l'empereur ses provinces de terre ferme à la gauche de l'Adige avec l'Istrie et la Dalmatie. Démembrement facilité par l'admirable terrain d'échange qu'offrait la Vénétie et la révolution intérieure dont elle fut le théâtre. N'étaient-ce pas les révoltes de Brescia et de Bergame, dans lesquelles les Français trempèrent plus ou moins les mains, qui avaient provoqué l'armement des paysans, cause de l'ultimatum apporté par Junot? Or cet armement, dont Bonaparte se plaignait si fort, était trop un sujet à exploiter, dans l'intérêt de ses desseins politiques, pour qu'il hésitât à s'en prévaloir contre Venise. Jamais, à la différence du Directoire, il n'avait trouvé d'inconvénient à indemniser en Italie la maison de Habsbourg. Le principal à ses yeux étant de la décider à abandonner la Belgique, la rive gauche du Rhin et le Milanais, il estimait que, quelle que fût la nature du dédommagement, elle ne constituerait point un danger. Mais encore il fallait un prétexte pour dépouiller un État qui n'avait pas participé aux hostilités. Le Directoire, il est vrai, lui reprochait amèrement sa neutralité et ne pouvait pardonner le refus d'accepter son alliance qu'il avait considéré comme une offense. Aujourd'hui, ce prétexte, Bonaparte l'avait découvert, en arguant de la nécessité de punir un gouvernement de la complicité duquel il était entièrement convaincu. Il ne doutait pas que les rassemblements des paysans n'eussent été préparés par les dirigeants. afin de traquer partout ses soldats. Et, quand il formulait sa violente protestation au doge, ce n'était ni le *commediante* ni le *tragediante* qui, pour intimider le provéditeur Foscarini, ressassait les griefs antérieurs de la France sur l'asile accordé à Louis XVIII dans la ville de Vérone, mais le patriote réellement ulcéré d'avoir vu ses troupes attaquées par des fanatiques impitoyables. La coïncidence de cette agitation belliqueuse avec sa présence en Allemagne lui apparaissait comme une insigne fourberie de la part de l'oligarchie vénitienne qui, protestant sans cesse de son amitié à notre endroit tant qu'il était dans la Péninsule, s'était empressée de jeter sur nous ses bandes armées, à peine la frontière franchie par lui. Il ne réfléchissait pas que la république aurait singulièrement choisi le moment des représailles, alors que l'Autriche aux abois et à la veille de traiter était dans l'impossibilité d'envoyer des secours, et que, si elle avait sérieusement songé à se venger, elle n'aurait pas repoussé jadis les avances de François II à l'heure où ce monarque, conservant ses positions, n'avait pas irrémédiablement perdu la partie. Du reste, cette opinion de Bonaparte sur la culpabilité des personnages officiels était partagée par nombre de Français ; quelques-uns même s'en réjouissaient comme favorisant les projets d'agrandissement du Directoire. « Rendons grâce à la perfidie et à l'aveuglement du gouvernement vénitien, écrivait Verninac de retour de son ambassade de Constantinople, qui très à propos nous a fourni les moyens de concilier l'intérêt de l'empereur et le nôtre (1). » Effectivement Bonaparte avait su à Leoben concilier

---

(1) *Archives Aff. ét.*, Fonds Venise, 253.

ce double intérêt. Pour déterminer l'Autriche à renoncer à ce qu'il lui demandait, il avait sacrifié Venise à son ambition, ayant d'autant moins de scrupule à tailler en grand dans ses possessions qu'il était disposé à lui céder les trois légations de Ferrare, de Bologne et de la Romagne enlevées au pape par le traité de Tolentino.

Le premier parmi les Vénitiens à soupçonner le démembrement de sa patrie fut le noble Grimani, que ses fonctions d'ambassadeur à Vienne mettaient en rapports directs avec Thugut. Si le chancelier autrichien avait prudemment esquivé ses questions, il avait été plus heureux avec le marquis de Gallo, l'un des négociateurs de Leoben. Non que celui-ci lui eût révélé la teneur des préliminaires, mais son langage embarrassé, les torts dont il chargeait la Sérénissime République, son insistance à parler du juste courroux de Bonaparte lui faisaient comprendre que les deux belligérants s'étaient réconciliés au détriment de son pays. Et puis Gallo, « favori, comme disait Bonaparte, de l'impératrice, de l'empereur et de Thugut », choisi en cette qualité pour s'aboucher avec le vainqueur quoique représentant du roi de Naples, Gallo avait certainement préféré servir les Habsbourg plutôt que l'infortunée Venise.

Raison de plus pour Grimani de redouter une atteinte à l'intégrité territoriale de la Vénétie. Il n'était pas jusqu'aux reproches articulés par le diplomate napolitain contre les oligarques qui ne lui rappelassent un souvenir de mauvais augure. C'était à l'époque de l'insurrection de Bergame et de Brescia dont il avait donné connaissance à Thugut, ajoutant que son gouvernement s'était plaint au Directoire des complicités françaises. Aussitôt Thugut de répliquer : « Oh si les Brescians et les Bergamasques s'unissaient avec nous, la cour de Vienne serait assurée de terminer les hostilités par une paix raisonnable (1). » Invite à Venise à sortir de sa neutralité, mais qui pas plus que les autres n'avait été écoutée. Or ces refus n'avaient-ils pas provoqué les rancunes de l'Autriche, ne l'avaient-ils pas poussée à les assouvir en se laissant adjuger les dépouilles de la république ? Autant d'interrogations angoissantes pour l'âme d'un patriote, ayant plus lieu de craindre une solution fâcheuse que d'espérer un arrangement favorable. Encore Grimani ignorait les lettres que Bonaparte adressait de Leoben aux gouvernants de Paris. De quel

(1) ROMANIN, *Storia di Venezia.*

pessimisme n'eût-il pas été rempli, s'il avait connu ces qualificatifs injurieux décernés à l'aristocratie vénitienne, les accusations accumulées sur elle, enfin la menace de lui déclarer la guerre (1)? Dans tous les cas il ne supposait pas que sa patrie, déjà si cruellement frappée, allait, à brève échéance, cesser d'exister.

(1) « Le gouvernement de Venise est le plus absurde et le plus tyrannique des Gouvernements. D'ailleurs il est hors de doute qu'il voulait profiter du moment où nous étions dans le cœur de l'Allemagne pour nous assassiner. Notre République n'a pas d'ennemis plus acharnés, comme les émigrés et Louis XVIII d'amis qui leur soient plus véritablement dévoués... Si l'on veut continuer la guerre, je crois qu'il faut encore commencer dans cet entr'acte par déclarer la guerre à la République de Venise, remuer toute la terre ferme et donner le pouvoir au parti contraire à celui de l'aristocratie. Je vous ai envoyé toutes les pièces qui peuvent vous faire voir combien cette déclaration est juste et combien ils l'ont méritée. (*Archives Aff. él.*, Fonds Vienne, 367.)

II

A peine les conférences diplomatiques eurent-
elles été transportées d'Autriche en Italie que
Bonaparte proposa de céder à l'empereur la ville
même de Venise. Changement nécessité, pensait-
il, par le désir de la France de joindre au Milanais devenu république lombarde la place de
Mantoue, qu'on n'avait pas encore osé réclamer
à la maison de Habsbourg. La cité des doges,
depuis longtemps en décadence, étant incapable de survivre à la perte de ses provinces de
terre ferme, il n'y avait aucun inconvénient à la
donner au saint-empire : tel était l'argument mis
en avant pour faire accepter ce projet. Mais, un
mois après, le même Bonaparte avait changé
d'avis et confessait que par cette possession le
monarque autrichien acquerrait une *influence
immense* dans la Péninsule. C'était d'ailleurs
l'opinion du Directoire qui aimait mieux voir
Venise subsister avec les trois légations, en

adoptant la constitution cispadane, ou bien se réunir, si elle y consentait, à la Lombardie. Quelle que fût la combinaison à prévaloir, il se préoccupait avant tout d'empêcher la capitale de la Vénétie de tomber dans les mains de l'empereur par la connivence des aristocrates désireux de conserver leurs privilèges. Car, si cette éventualité se produisait, elle serait aussi nuisible au commerce de la France qu'à ses intérêts politiques. Mais bientôt après il se résignait à laisser Venise passer dans le lot de l'Autriche, à la condition d'obtenir pour la république lombarde toute la contrée en deçà de l'Adige, ainsi que Chioggia dans les lagunes, et de se réserver les îles Ioniennes. A la vérité, il affirmait ne vouloir en garder que quelques-unes et se montrer disposé à échanger les autres. Promesse fallacieuse ayant uniquement pour but de triompher des résistances. Une fois maître de l'Archipel, le Directoire ne se dessaisirait d'aucune de ses parties, et surtout pas de Corfou dont il appréciait trop l'importance commerciale. En vain le marquis de Gallo allait-il demander cette belle île pour le royaume des Deux-Siciles, elle ne lui serait jamais livrée pas plus que le moindre îlot du groupe ionien.

Ces propositions contradictoires, loin de favoriser la marche des pourparlers, ne faisaient que les embrouiller et irriter l'esprit des négociateurs. Aussi l'Autriche, lasse de ces atermoiements et qui préférait tenir plutôt que courir, n'hésita pas à agir en occupant l'Istrie et la Dalmatie. Si cette occupation, nous l'avons dit, causa aux Vénitiens une pénible impression en tant que prologue du partage de leur pays, elle mécontenta vivement Bonaparte qui n'admettait pas que l'empereur eût mis une telle hâte à se nantir de son gage. Du coup, il ne se crut plus obligé d'user de ménagement et ordonna à la marine française de s'emparer de l'archipel. Hélas ! Venise n'avait personne pour la défendre. Non seulement l'Autriche et la France se liguaient contre elle, mais Naples s'efforçait d'avoir sa part dans la curée. Et si son ministre Gallo ne put rien arracher, ce ne fut pas faute d'avoir sollicité.

L'heure avait sonné où la malheureuse nation allait recueillir le fruit amer de sa neutralité. Pour n'avoir pas su se décider en temps opportun à entrer dans l'alliance de l'un ou de l'autre des deux belligérants, elle était condamnée à périr. Certes un semblable résultat n'était guère celui qu'elle avait espéré. Puissance déchue de sa splendeur, sans ressources et sans troupes, ayant cessé d'être redoutée, la politique pacifique lui avait semblé dans le conflit de l'Europe avec la Révolution le meilleur moyen de sauvegarder son indépendance. Elle s'y était attachée de toutes ses forces, elle avait toujours refusé d'y renoncer. Mais cette politique qui l'isolait augmentait sa faiblesse, et la faiblesse d'un petit État en présence de grandes nations aux visées ambitieuses constitue un grave danger contre lequel il est nécessaire de se prémunir. Pourtant les avertissements ne lui avaient pas manqué. A la veille de 1789 Capello, son ambassadeur à Paris, lui avait signalé les inconvénients de son système et l'avait engagée à sortir d'une inertie persistante. Plus tard d'autres lui avaient adressé les mêmes recommandations. Nul à ce sujet n'avait été aussi positif que le Directoire, qui l'invitait instamment à s'appuyer sur lui. Promesses et menaces, tout avait été inutile ; Venise était restée inébranlable. La quiétude parfaite, dans laquelle après la trêve de Passarowitz elle avait vécu de si longues années, l'avait complètement aveuglée. Elle ne pouvait s'imaginer que, n'attaquant personne, quelqu'un s'attaquerait à elle. Ignorait-elle donc à ce point les leçons du passé ? Et, sans remonter aux siècles antérieurs, l'histoire récente de la Pologne n'aurait-elle pas dû lui rendre le sentiment des réalités ? Qu'importe la neutralité quand on est incapable de la faire respecter ? *Si vis pacem, para bellum.* Venise, autrefois belliqueuse, ne comprenait plus la vérité de cet adage. Elle n'avait pas même daigné écouter le procurateur Pesaro, qui, en 1792, lors de l'invasion de la Savoie et de Nice, la suppliait de s'armer. Neutralité, neutralité, telle était sa réponse invariable. Cependant il ne s'agissait pas de provoquer, mais d'être prête à se défendre. Et puis cette fameuse neutralité, c'en avait été vite fait d'elle au moment de l'apparition de Bonaparte en Italie. En dépit de ses protestations Autrichiens et Français avaient envahi son territoire, qui devint dès ce jour le théâtre des opérations militaires. Que n'avait-elle ouvert les yeux sur les périls qui l'entouraient ? Que ne s'était-elle jetée, pour assurer son salut, dans les bras de la France victorieuse ? Maintenant il était trop tard. Le Directoire, réconcilié avec l'Autriche, n'avait plus besoin d'elle et travaillait à la démembrer.

Non qu'il fût systématiquement résolu à lui

ravir son indépendance. Nous avons expliqué, au contraire, qu'il désirait voir la dynastie de Habsbourg chercher en Allemagne les compensations à la perte de ses provinces. Pour la détourner de l'Italie, il avait insisté sur l'introduction dans ce pays des constitutions démocratiques, qu'il présentait comme un obstacle à l'influence de l'Autriche dans la Péninsule et même un péril à l'endroit de ses propres institutions. Précisément en cet instant (août 1797), Talleyrand, qui venait de remplacer Delacroix au ministère des relations extérieures, proposait d'abandonner à l'empereur l'archevêché de Salzbourg et l'évêché de Passau. Ajoutées à la Dalmatie et à l'Istrie dont l'Autriche était déjà en possession, ces contrées formeraient un beau lot qu'on espérait devoir satisfaire l'intéressée. Si cependant l'offre était estimée insuffisante, Venise à la rigueur pourrait être adjugée à la maison de Vienne, mais à condition de laisser Mantoue à la République lombarde et de n'obtenir en Allemagne que l'évêché de Passau. « Dans ce cas, écrivait Talleyrand, la cession formelle de Venise importerait peu au Directoire, d'autant que cette ville est tellement sous la main de l'empereur qu'il serait impossible qu'il ne s'en emparât sous peu et qu'il serait toujours maître de l'affamer. » Observation fort exacte à propos de la facilité de l'Autriche à dominer la cité des doges, privée de l'ensemble de son domaine continental. Mais l'indifférence marquée par l'habile diplomate relativement à son incorporation éventuelle dans l'empire était de pure affectation, car elle était démentie par ses autres paroles. L'établissement des Habsbourg à Venise était en réalité pour la France l'objet d'une crainte si grande que, dans le même rapport, Talleyrand ne souscrivait qu'à contre-cœur à la conservation de son indépendance, les anciens oligarques devant, suivant lui, finir par la soumettre au souverain autrichien. Mieux valait donc la réunion à la Lombardie, qui seule à son sens conjurerait le danger redouté. Et, quelques jours après, Talleyrand indiquait avec la plus parfaite netteté à son négociateur les desiderata du Directoire. « Surtout que la République d'Italie soit bien affermie et que Mantoue soit à elle : c'est le cri de tous les républicains. Si avec cela nous avons la limite du Rhin et que *Venise ne soit pas à l'empereur*, c'est là une paix digne de Bonaparte (1). »

(1) *Archives Aff. él.*, Fonds Vienne, 367.

Mais plus la France s'efforçait d'éloigner l'Autriche de l'Italie, plus celle-là prétendait s'y établir. Ses plénipotentiaires à ce sujet se montraient pressants. Les propositions qu'on leur faisait leur semblaient une dérision. Loin de consentir à l'abandon de Mantoue, ils réclamaient tout l'État vénitien, la capitale incluse, et exigeaient encore qu'on leur livrât les légations pontificales. C'est alors que Talleyrand, irrité de pareilles revendications dont il attribuait la responsabilité à Thugut, se décida à recourir à l'arme du chantage qui pourtant n'avait guère produit jusqu'ici le résultat attendu. Il s'adressa à Bonaparte, l'autorisant à publier, dans les journaux italiens les plus répandus en Autriche, des insinuations sur la vénalité du chancelier autrichien qu'on accusait maintenant de recevoir de l'argent de l'Angleterre. Thugut devenait le bouc émissaire. A tout prix il fallait le perdre, en cherchant à prouver à l'Europe qu'il était un méprisable traître au service de la puissance qui le payait le plus, un traître dont seule la cupidité insatiable retardait la conclusion du traité (1). Il est dou-

(1 « Quant à M. de Thugut, qui est le souverain de Vienne et qui prêche la continuation de la guerre malgré l'empereur malgré le vœu de ses peuples, c'est un homme que nous

teux que Bonaparte ait apprécié l'efficacité du moyen directorial ; car, s'il s'abstint de l'employer, ce n'est pas par scrupule, mais probablement parce qu'il ajoutait peu de foi à l'histoire de Thugut vendu à la France. Pourquoi en ce cas s'engager dans cette voie, où, à défaut de preuves irréfutables, il était si aisé de trébucher ? Ne serait-ce pas se couvrir de ridicule que de lancer avec fracas une accusation, dont la fausseté éclaterait aux yeux des hommes les moins sympathiques à l'Autriche ? Et, cependant si Bonaparte désirait réussir dans sa mission de pacificateur, il était urgent d'agir. De part et d'autre on était fatigué de la prolongation des

aurions dû perdre depuis longtemps. Il s'est toujours fait donner de l'argent pour entraîner ses maîtres dans des affaires détestables. Vous trouverez dans les instructions données à Clarke des renseignements sur une ancienne trahison dont il a déjà été fait communication au grand-duc de Toscane. Vous pourriez en faire placer dans les gazettes d'Italie, qu'on lit le plus à Vienne, quelques mots qui lui fissent craindre qu'on n'en dît davantage. Et, s'il faut recommencer la guerre, démasquez à plein le traître, publiez les pièces officielles, et qu'on sache à Vienne et par toute l'Europe qu'il a anciennement reçu de l'argent, qu'il en reçoit encore et qu'il est le seul auteur d'une guerre qu'il ne prolonge que pour favoriser l'Angleterre et grossir le trésor qu'elle lui a fait passer. » *Archives Aff. él.*, Fonds Vienne, 367.

pourparlers, qui engendrait l'aigreur et l'inquiétude.

Mais comment procéder ? L'Autriche voulait Venise, c'était son idée fixe, la condition *sine qua non* du maintien de ses concessions. Or le Directoire refusait de la lui laisser prendre. Il venait encore de déclarer que l'empereur devait être entièrement écarté de l'Italie et, qu'en dehors de l'Istrie et de la Dalmatie, ses dédommagements consisteraient en biens sécularisés en Allemagne. Impasse inextricable, tellement chacune des deux nations s'entêtait dans des prétentions irréductibles. Du coup le Directoire retirait au saint-empire les provinces de la rive gauche de l'Adige qu'il lui avait livrées à Leoben. Et, quand le cabinet de Vienne lui demandait le motif de ce revirement, il alléguait le changement des temps. Autrefois, disait-il, la Sérénissime République était gouvernée par une aristocratie hostile à la France, que celle-ci avait le droit de punir en donnant ses dépouilles au voisin. Mais maintenant les oligarques n'existaient plus et avaient été remplacés par un gouvernement démocratique, absolument ami, auquel l'on devait des ménagements. D'où la nécessité de proposer à l'Autriche des arrangements nouveaux. Seulement ces objections, pour être convaincantes, avaient besoin d'être corroborées par les faits. Si en effet le Directoire modifiait à l'égard des Habsbourg les clauses des préliminaires de Leoben à cause réellement de sa récente amitié avec Venise, il était tenu logiquement de lui restituer la partie de la terre ferme dont il agrandissait la Lombardie. Devant une telle attitude le monarque autrichien eût été obligé de s'incliner. Or c'était mal connaître le Directoire que de le supposer capable d'un semblable désintéressement. Ses discours manquaient de sincérité et n'étaient qu'un expédient à l'usage du vaincu. Ménager Venise ! En vérité il s'en souciait si peu que, loin de rendre quoi que ce fût, il s'était emparé des îles de l'Archipel. Contradiction manifeste entre ses paroles et sa conduite, qui se retournait contre lui, en empêchant l'empereur de croire à ses belles phrases. Une fois de plus l'Autriche était fixée. Elle savait que le Directoire voulait l'éloigner de la Péninsule par crainte de son influence, non par intérêt pour Venise. Et ce lui était une raison de plus de s'y maintenir, préférant aux compensations offertes en Allemagne un lambeau de la Vénétie et la possession de sa capitale.

Dans ces conditions la guerre semblait fatale.
Déjà le Directoire recommandait à Bonaparte
de se préparer à l'offensive, tandis que de son
côté la cour de Vienne recommençait à mobiliser. Mais le héros de la campagne d'Italie était
opposé à la reprise des hostilités. Son rôle de
pacificateur avait l'heur de lui plaire ; il ne voulait l'abdiquer qu'à la dernière extrémité. Après
tout, l'Autriche, qu'on disait si peu favorable à
un rapprochement, ne refusait pas de céder la
Belgique et le Milanais et permettait à la France
de s'étendre jusqu'au Rhin. Seulement elle réclamait expressément comme dédommagement l'an-
nexion de Venise. Le Directoire allait-il donc,
uniquement pour sauvegarder l'indépendance
d'une république sans prestige et sans force et
aux trois quarts démembrée, renoncer si légèrement à une paix avantageuse et replonger
l'Europe dans les horreurs des combats ? Ainsi
raisonnait Bonaparte, qui ne pouvait comprendre pareille obstination. Sans cesse, il avait
réfuté les arguments tirés de l'influence politique des Habsbourg, que nos idées gagnant constamment du terrain et la prépondérance de nos
armes se chargeraient d'annihiler. Quant à l'atteinte portée à notre commerce du Levant, elle

n'était plus à redouter depuis que la France s'était installée dans les îles Ioniennes, possession valant toutes les provinces de l'Italie (1). Aussi se résolut-il à désobéir aux ordres de son gouvernement. Le coup était hardi, surtout lorsque celui-ci venait de lui déclarer par l'intermédiaire de Talleyrand, en accentuant son intention de disputer Venise et sa terre ferme à l'Autriche : « Telles sont les dernières instructions diplomatiques que le Directoire ait à vous faire passer. Elles sont irrévocables et il regarde la guerre comme inévitable, si l'empereur ne se soumet pas à ces conditions (2). »

Mais Bonaparte n'était point homme à se troubler. Se trouvant dans une situation incomparable par suite de ses victoires qui avaient révélé à l'Europe son génie militaire, c'est lui qui en

______

(1) « Les îles de Corfou, de Zante et de Céphalonie sont plus intéressantes pour nous que toute l'Italie ensemble. Je crois que, si nous étions obligés d'opter, il vaudrait mieux restituer l'Italie à l'empereur et garder les quatre îles, qui sont une source de richesse et de prospérité pour notre commerce. L'empire des Turcs s'écroule tous les jours ; la possession de ces îles nous mettra à même de le soutenir autant que cela sera possible, ou d'en prendre notre part... Corfou et Zante nous rendent maîtres de l'Adriatique et du Levant. » (Bonaparte au Directoire, 16 août 1797.)

(2) *Archives Aff. ét.*, Fonds Vienne, 367.

imposait aux Directeurs. Il ne l'ignorait pas.
L'insistance, que, malgré leur esprit ombrageux,
les gouvernants avaient mise à l'inviter à retirer
sa démission présentée récemment dans une
heure de dépit, l'aurait encouragé à tout oser
s'il eût éprouvé quelques hésitations. Du reste il
agit à l'égard de Venise avec un machiavélisme
inouï. N'écrivait-il pas, à la veille de la sacrifier
définitivement aux convoitises impériales, qu'elle
était la ville la plus digne de la liberté de toute
l'Italie ? (19 sept. 1797). Langage assez différent
de celui qu'il avait tenu précédemment à son
endroit. On n'aurait jamais pensé qu'après avoir
qualifié sa population *d'inepte, de lâche, de nullement faite pour la liberté*, il se fût subitement
ravisé. Que signifiait cette contradiction, sinon
qu'il se souvenait d'avoir conclu le traité de
Milan, qui assurait Venise de son amitié et re-
connaissait la souveraineté de l'État dans la réunion de tous les citoyens ? Et pourtant il n'en
avait cure, principes démocratiques et promesses
échangées devant à son sens céder à l'impérieux
besoin de la pacification. Puis, quand cette pacification parut se heurter encore aux tergiversa-
tions des plénipotentiaires autrichiens, il joua
devant eux la comédie de l'indignation, en bri-

sant un magnifique service de porcelaine, don de Catherine II. Le lendemain de cette scène orageuse (17 oct. 1797), les chancelleries apprenaient enfin la réconciliation des deux belligérants, scellée par le célèbre accord de Campo Formio. Mais elles apprenaient également la destruction de Venise, que l'article 6 décrétait en ces termes: « La République française consent à ce que S. M. l'empereur possède l'Istrie, la Dalmatie, les îles ci-devant vénitiennes de l'Adriatique, les bouches de Cattaro, *la ville de Venise*, les lagunes, etc. »

Ainsi périssait cette République à qui ses gloires éclatantes et son existence séculaire méritaient un meilleur sort. Chose étrange ! il n'y eut aucune émotion semblable à celle qu'avait causée le partage de la Pologne, et l'Europe assista à sa disparition avec une indifférence absolue. Pas une voix de politique, pas un cri de l'opinion ne se fit entendre pour condamner une iniquité aussi flagrante. C'est à peine si en France quelques protestations timides, qui n'eurent guère d'écho, retentirent au sein des assemblées législatives. Venise n'intéressait plus personne. Déchue depuis longtemps de sa splendeur, elle rappelait ces grands hommes totalement oubliés, dont la mort passe inaperçue au milieu des agitations du monde. L'attention était ailleurs. Elle se tournait vers Bonaparte qui avait ajouté dans cette négociation l'habileté du diplomate à la réputation du capitaine de génie; elle se tournait vers l'Autriche, la vieille puissance féodale, obligée de capituler devant la Révolution et de lui conférer l'investiture officielle; elle se tournait encore vers ces champs de bataille, arrosés de tant de sang généreux. Mais elle ne s'arrêtait pas un instant sur cette malheureuse nation vénitienne qui faisait si peu de bruit, et dont toute influence avait cessé bien avant qu'elle succombât sous les coups de ses adversaires.

ÉPILOGUE

A part une courte période s'étendant de 1805
à 1814, les Autrichiens devaient rester installés
à Venise jusqu'en 1866. En y entrant ils n'y
trouvèrent qu'une ville méconnaissable, tant
Bonaparte l'avait dépouillée de tout ce qui constituait ses moyens de défense et ses richesses
artistiques. L'arsenal avait été pillé ; rien n'y
avait été respecté, pas même le *Bucentaure* dont
on avait enlevé les ornements en or. Les musées
s'étaient vu ravir beaucoup de leurs toiles pré-
cieuses, et, raffinement de vandalisme, les quatre chevaux en bronze qui surmontaient le por-
che central de l'église Saint-Marc avaient été
transportés à Paris. Il semblait, a écrit un his-
torien italien, que les Français voulussent livrer
un cadavre à l'Autriche (1). Aussi étions-nous

(1) ROMANIN, *Storia di Venezia*.

dénoncés à la vindicte publique. Et c'est sans
doute en haine de notre nom et par hostilité au
régime démocratique, établi par nos soins, qu'en
prenant possession de la cité les Impériaux y
furent acclamés. Spectacle peu banal ! On vit
des patriciens donner des fêtes somptueuses en
l'honneur de leurs nouveaux maîtres. L'aversion
de la France n'était pas suffisante à excuser
pareille inconscience. Qu'on la détestât, qu'on
l'accusât d'avoir trahi Venise, qu'on insultât ses
partisans, cela n'était que trop naturel pour provoquer l'étonnement. Mais applaudir, fêter les
Autrichiens à qui les Vénitiens ne pardonnaient
pas à la France de les avoir sacrifiés, n'était-ce
pas une de ces aberrations de la nature humaine
devant laquelle on demeure confondu ? Cependant cet engouement, qui n'avait rien de sincère,
ne survécut pas à la réalité des événements, et,
lorsque les Autrichiens imposèrent leur autorité,
malgré les ménagements de toute sorte, le patriotisme se réveilla, et c'est avec tristesse qu'on
envisagea les conditions présentes. S'il y eut
des défections, si quelques-uns des nobles se
rallièrent trop précipitamment à la maison de
Vienne, beaucoup s'honorèrent en persistant
dans leurs sentiments de fidélité au passé. Rien

ne contribua plus à l'exaltation des cœurs patriotes que la mort du doge Manini, survenue au
moment où on l'invitait à prêter le serment d'allé-
geance. L'émotion avait été trop forte, la douleur trop cruelle pour que le dernier chef de la
Sérénissime République ait pu accomplir un tel
acte sans être mortellement frappé. En somme,
la Vénétie resta italienne. Langue, habitudes,
mentalité ne furent point altérées par la domination étrangère; et, quand en 1805 elle échut aux
Français, ceux-ci eurent la satisfaction de constater que l'influence germanique y avait poussé
des racines peu profondes.

Les neuf années de régime napoléonien qui sui-
virent ne parvinrent pas à la franciser; son attachement à la nationalité perdue continua à subsister avec la même intensité. Comme tous les
États de la Péninsule, elle se réjouit de la chute
de l'empereur Napoléon, persuadée qu'elle allait
reconquérir son indépendance. Mais les puissances
alliées ne paraissaient pas disposées à réparer
l'iniquité de 1797. Venise convenait trop à l'Autriche pour lui être disputée. Aussi aucune voix
ne s'éleva-t-elle en sa faveur au sein du congrès
de Vienne. Un patricien, Jean Bembo de Vi-
cenzo, appartenant à la famille de l'illustre car-

dinal de ce nom, avait bien cherché à intéresser Talleyrand à la cause de sa patrie, et, dans la supplique rédigée à cet effet, il lui avait demandé que son souverain, oubliant tout souvenir de son expulsion de Vérone, joignît ses efforts aux siens dans la défense de la justice. « Si Louis XVIII, déclarait-il, pardonne les offenses du comte de Provence ou de Lille, il sera plus grand que Louis XII, le père du peuple, célèbre pour avoir dit que *le roi de France ne venge pas les injures du duc d'Orléans* (1). » Seulement Talleyrand dédaignait d'écouter une requête isolée. Et, puisqu'en dépit de la promesse de lord Bentinck il n'avait pas protesté contre l'incorporation au Piémont de l'ancienne République de Gênes, il estimait pouvoir laisser de même la dynastie de Habsbourg s'emparer du territoire de Venise.

On sait ce que fut dès lors l'histoire du gouvernement autrichien dans la cité des doges. Quels que fussent les moyens employés, douceur

______

(1) Se Luigi XVIII perdona le offese del Conte di Provenza o di Lilla, sarà egli piu grande di Luigi XII, il padre del popolo, il quale rese famoso quel detto « Che il re di Francia non vendica le offese del Duca di Orleans ». *Archives Aff. ét.*, Fonds Venise, 37.

ou rigueur, pas plus que dans la Lombardie il ne réussit en Vénétie à s'attacher les populations. Le soulèvement des Vénitiens en 1848 et leur héroïque résistance à l'armée allemande prouvèrent qu'ils n'avaient jamais abandonné l'espoir de s'affranchir d'un joug, qui leur était insupportable. Cet espoir, il est vrai, avait été déçu et le fut davantage encore en 1859, quand les victoires françaises leur avaient permis de croire qu'ils allaient partager le sort de leurs frères milanais. Néanmoins l'heure de la délivrance était proche; et, lorsqu'en 1866 la guerre recommença avec l'Autriche, celle-ci, quoique victorieuse à Custozza et à Lissa, fut obligée de céder au nouveau royaume d'Italie cette province vénitienne qui désirait si ardemment être arrachée à la tutelle germanique (1).

(1) Sur l'histoire de Venise de 1797 à 1866, consulter MARCHESI, *Sellant'anni della Storia di Venezia.*

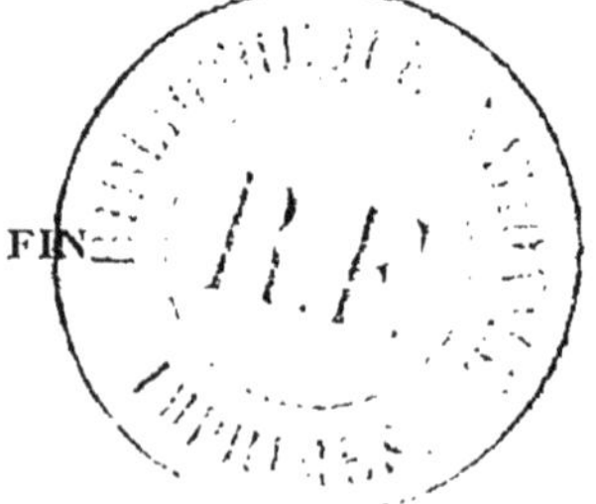

FIN

DOCUMENTS ET OUVRAGES CONSULTÉS

Archives du Ministère des Affaires étrangères.

Archives de l'ancienne République de Venise.

Correspondance de Napoléon Ier.

Daru : **Histoire de la République de Venise.**

Bonnal : **Chute d'une République (Paris, 1885).**

Mallet-Dupan : **Lettres sur la déclaration de guerre à Venise** (n°s 410, 413, 414, 421 de la *Quotidienne*).

Sorel : **L'Europe et la Révolution française.**

Casanova de Seingalt : **Mémoires.**

Charles Yriarte : **Venise, histoire, art, industrie, la ville, la vie (Paris, 1878).**

— **La Vie d'un patricien de Venise au xvie siècle (Paris, 1883).**

E. Molinier : **Venise, ses arts décoratifs, ses musées, ses collections (Paris, 1889).**

Molmenti : **La Vie privée à Venise depuis l'origine jusqu'à la chute de la République (Venise, 1896-97).**

Charles Botta : **Storia d'Italia dal 1789 al 1814.**

Dandolo : **La Caduta della Repubblica di Venezia (Venezia, 1855).**

Romanin : **Storia di Venezia (Firenze, 1875).**

Kovaleski : **I dispacci degli ambasciatori veneti alla corte di Francia durante la Rivoluzione (Torino, 1895).**

Marchesi : **Settant'anni della storia di Venezia (Torino, 1892).**

Von Vivenot : **Thugut, Clerfayt und Wurmser (Wien, 1869).**

— **Thugut und sein politisches System (Wien, 1870).**

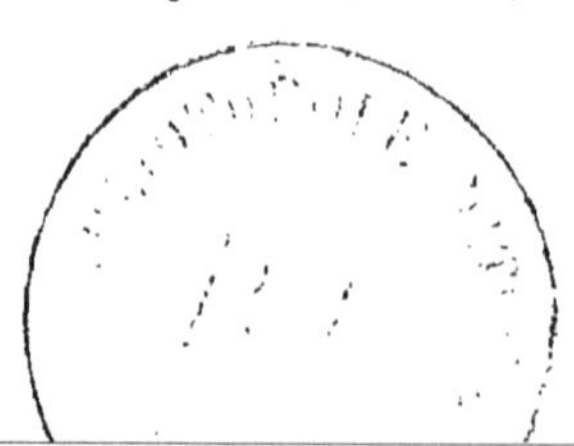

TABLE DES MATIÈRES

CHAPITRE IV. — LES RELATIONS AVEC LE DIRECTOIRE ET LA CAMPAGNE D'ITALIE.

CHAPITRE V. — LA VIOLATION DE LA NEUTRALITÉ.

CHAPITRE VI. — LES PAQUES VÉRONAISES.

4-9-07. — Tours, Imp. E. ARRAULT et Cⁱᵉ.

DUPONT DE NEMOURS

DE

L'EXPORTATION ET DE L'INPORTATION

DES GRAINS

1764

L.-P. ABEILLE

PREMIERS OPUSCULES

SUR LE COMMERCE DES GRAINS

1763-1764

PUBLIÉS AVEC INTRODUCTION ET TABLE ANALYTIQUE PAR

Edgard DEPITRE

PROFESSEUR AGRÉGÉ A LA FACULTÉ DE DROIT DE L'UNIVERSITÉ DE LILLE

PARIS
LIBRAIRIE PAUL GEUTHNER
68, RUE MAZARINE, 68

6

1911